도서출판 꿈미는 가정과 교회가 연합하여 다음세대를 일으키는 대안적 크리스천 교육기관인 사단법인 꿈이있는미래의 사역을 돕기 위해 월간지와 교재, 각종 도서를 출간합니다.

온 가족이 함께 떠나는
바이블 원정대 3

초판 1쇄 인쇄 2023년 10월 23일
초판 1쇄 발행 2023년 10월 30일

지은이　　주경훈

발행인　　김은호
편집인　　주경훈
책임 편집　황평화
편집　　　김나예 박선규 권수민 이민경
디자인　　임현주

발행처　　도서출판 꿈미
등 록　　제2014-000035호(2014년 7월 18일)
주 소　　서울시 강동구 양재대로81길 39, 202호
전 화　　070-4352-4143, 02-6413-4896
팩 스　　02-470-1397
홈페이지　http://www.coommi.org
쇼핑몰　　http://www.coommimall.com
이메일　　book@coommimall.com

ISBN 979-11-93465-09-7 04230
ISBN 979-11-90862-78-3 (세트)

* 책값은 뒤표지에 있습니다.
* 이 책은 도서출판 꿈미에서 만든 것으로 저작권법의 보호를 받으며 무단 전재 및 복제를 금합니다.

아무리 바빠도 일주일에 꼭 한 번 **52주 가정예배**

온 가족이 함께 떠나는
바이블 원정대
3

주경훈 지음

꿈이있는꿈미래

서문

바이블 원정대,
좁은 나라를 떠나 더 큰 나라로

    어릴 적부터 상상하는 것을 좋아했던 필자는 이 세상과는 다른 또 다른 세상을 막연히 동경했습니다. 그래서인지 또 다른 세상에 대한 글과 영화에 마음이 갔습니다.

    『이상한 나라의 앨리스』가 그 시작이었습니다. 토끼 굴 아래로 굴러떨어진 앨리스가 이상한 약을 먹고 몸이 줄어들거나 커지면서 땅속 나라를 여행하는 흥미로운 이야기였습니다.

    2000년이 되기 바로 직전에 개봉한 영화, 〈매트릭스〉(The Matrix, 미국, 1999년)는 청년이었던 저의 심장을 다시 한번 뛰게 했습니다. 주인공 네오는 평범한 회사원이자 해커입니다. 취미로 해킹을 하던 그는 어느 날 '매트릭스'라는 키워드를 발견하고 전설적인 해커 모피어스를 만나면서 진짜 세계에 대한 이야기를 듣습니다. 서기 2199년, 인간과 AI 사이에 전쟁이 일어나고 결국 기계가 승리하여 인간은 매트릭스라는 가상 현실 속에서 1990년대를 살아간다는 것이었습니다. 네오는 가상 현실과 현실 사이에서 고민하다가 결국 매트릭스 세계관을 받아들이게 됩니다.

시간이 흘러 신학을 공부하면서 자연스럽게 C.S. 루이스의 책을 접했고, 『나니아 연대기』를 읽게 되었습니다. 제2차 세계대전 중 전쟁을 피해 먼 친척 집에 맡겨진 네 남매는 어느 날 그 저택에 있는 마법의 옷장을 통해 환상의 나라로 들어갑니다.

책을 읽다가 혹시나 하는 마음에 제 옷장을 열어 봤지만 옷장은 막혀 있었습니다. 〈매트릭스〉의 결말은 난해하고, 앨리스의 이야기는 한낱 꿈에 지나지 않았습니다.

이런 이야기는 이후에 비슷한 스토리의 책과 영화로 계속 재생산되었습니다. 왜 이런 다른 세상에 대한 이야기가 사람들의 마음을 끄는 걸까요? 그것이 사실이기 때문입니다. 지금 눈에 보이는 이 땅이 전부가 아니며 또 다른 진짜 세상이 있기 때문입니다. 더욱 놀라운 것은 우리가 그 땅을 위해 지음을 받았다는 것입니다.

우리는 다른 나라를 위해 지음받았다

"때가 찼고 하나님의 나라가 가까이 왔으니 회개하고 복음을 믿으라"(막 1:15).

성육신하셔서 이 땅에 오신 예수님의 첫 번째 메시지입니다. 얼마나 말씀을 직접 전하고 싶으셨는지 하나님이 이 땅에 내려오셨습니다. 그리고 가장 먼저 하나님의 나라가 왔다는 말씀을 하십니다. 앨리스의 이야기는 한낱 꿈이었으나 하나님의 나라는 진짜입니다. 도리어 이 땅에서의 삶이 안개와 같은 것입니다. 하나님의 나라는 이미 도래했습니다. 그뿐만 아니라 우리는 그 나라로 옮겨졌습니다.

> "그가 우리를 흑암의 권세에서 건져내사 그의 사랑의 아들의 나라로 옮기셨으니 그 아들 안에서 우리가 속량 곧 죄 사함을 얻었도다"(골 1:13-14).

예수 그리스도의 십자가 공로로 우리는 하나님 나라, 즉 '그분의 사랑의 아들의 나라'로 옮겨졌습니다. 우리는 알게 모르게 대한민국 국적과 하나님 나라 국적을 지닌 이중국적자가 되었습니다.

> "그러나 우리의 시민권은 하늘에 있는지라 거기로부터 구원하는 자 곧 주 예수 그리스도를 기다리노니"(빌 3:20).

구원받은 우리는 하나님의 형상으로 지음받았고 하나님 나라에 속한 백성으로서 이 땅에서 살아갑니다. 그렇기 때문에 이 땅에서의 삶에 만족하지 못하고 언제나 자신을 넘어서고 싶은 갈망을 지니며 살아갑니다.

나의 나라는 좁다

거대하고 영원한 하나님 나라를 위해 지음받은 인간이 이 땅에서 살려니 얼마나 답답할까요?

성 아우구스티누스는 누구보다 하나님 나라를 깊이 묵상했습니다. 그는 영원할 것 같았던 로마의 멸망을 바라보며 세상의 도성과 하나님의 도성을 구분하여 『하나님의 도성』이란 책을 집필하기까지 했습니다. 그리고 『고백록』에서 다음과 같이 고백합니다. "오, 주님! 당신은 자신을 위해 우리를 지으셨나이다. 우리의 마음은 당신 안에서 안식을 얻을 때까지 평안을 모릅니다."

인간은 하나님 나라를 위해 지음받았기 때문에 하나님 나라를 위해 살 때만 안식이 있습니다. 하지만 이것을 깨닫지 못하는 인간은 이 답답한 마음을 극복하고자 자신을 넘어서기 위해 부단히 노력합니다. 하지만 영원할 것 같았던 로마가 멸망했듯 자신을 넘어서서 자신의 나라를 확장하려고 하는 모든 시도는 결국 인생을 더욱 허무하게 만듭니다.

사람은 극한으로 자신을 몰아넣기도 합니다. 무리하게 도전하고, 더 높은 곳으로 오르려 하고, 더 많은 것을 가지려 하고, 더 많은 사람에게 영향을 미치려 합니다. 하지만 이러한 행동은 이유 모를 내면의 갈증을 더 키워 갈 뿐입니다. 밑 빠진 항아리에 물을 채우려 하면 할수록 더욱 공허해질 뿐입니다.

더 큰 나라, 진짜 나라 속으로 깊숙이 들어가야 합니다.

"그런즉 너희는 먼저 그의 나라와 그의 의를 구하라 그리하면 이 모든 것을 너희에게 더하시리라"(마 6:33).

진짜 나라를 발견한 사람은 이방인들의 땅에서 생존하는 것을 인생의 목표로 삼지 않습니다. 이 땅에 보물을 쌓아 두지 않고 하늘에 쌓아 둡니다(마 6:20). 의식주에 대한 고민을 뛰어넘어 만물을 먹이시는 하나님을 바라봅니다(마 6:30). 이 땅의 시스템 속에서 살아가지만 하늘에 뿌리를 두고 살아갑니다. 참된 세상을 발견한 사람들은 이 땅의 일로 헛수고하지 않습니다.

> "너희가 어찌하여 양식이 아닌 것을 위하여 은을 달아 주며 배부르게 하지 못할 것을 위하여 수고하느냐"(사 55:2).

그런즉 언제나 먼저 하나님의 나라와 그의 의를 구합니다.

진짜 나라 속으로 들어가다

이 책의 목적은 단 하나입니다. 한국교회의 가정에 가정예배가 시작되는 것입니다. 이 책을 접하는 모든 가정이 하나님 나라 속으로 들어가는 것입니다. 무너질 이 땅의 나라에 헌신하는 것이 아니라, 영원히 세워질 나라에 헌신하도록 하는 것입니다.

그 출발이 가정예배입니다. 가정예배는 나의 가정이 하나님 나라에 속해 있다는 영역 표시입니다.

『온 가족이 함께 떠나는 바이블 원정대』는 일 년에 한 권씩, 총 세 권의 책으로 기획되었습니다. 사단법인 꿈이있는미래의 사역을 10년 정도 진행하면서 다음세대의 회복과 세대 통합 교육을 위해 분투했습니다. 그리고 내린 결론은 가정의 회복 없이는 다음세대의 회복도, 기성세대의 회복도, 교회의 미래도 없다는 것입니다. 각 가정에서 가정예배만 회복되어도 교회의 미래는 밝습니다.

이런 마음으로 지난 6년간 가정예배 세미나와 가정예배 콘퍼런스를 열고, 가정예배를 위한 영상 촬영을 하고, 가정예배 지침서, 123 가정예배, 그리고 『아무리 바빠도 일주일에 꼭 한 번 52주 가정예배』 시리즈를 출간했습니다. 가정예배와 관련된 책과 논문, 영상 자료 등을 연구하면서 체계적이고 성경 중심적인 가정예배 지침서가 필요하다는 결론을 내렸습니다. 그리고 집필한 것이 『온 가족이 함께 떠나는 바이블 원정대』 시리즈입니다.

이 책은 가정예배를 통해서 성경 전체에 흐르는 하나님 나라를 발견하고 그 나라에 헌신할 수 있도록 돕기 위해 집필되었습니다. 성경은 놀라운 '하나님 나라'에 대한 이야기입니다. 영화로 비유하면 총감독은 하나님이시고, 대본은 성경이고, 주인공은 예수님입니다. 한 권의 성경은 66권으로 나뉘고, 1,189장과 31,102절로 구분되지만 모든 장과 절이 하나님 나라를 중심으로 연결되어 있습니다.

이 책을 통해 가정이 성경의 핵심인 하나님 나라를 이해하고, 그 이해한 것을 삶에 적용하여 하나님 나라의 통치를 경험할 수 있도록 기획했습니다.

1년 차 하나님 나라의 시작
2년 차 하나님 나라의 통치
3년 차 하나님 나라의 완성

3년간 각 가정에서 이 책으로 가정예배를 드린다면 가정에서 하나님 나라를 경험하고, 가정 밖으로 하나님 나라를 확장하는 놀라운 일을 경험하게 될 것입니다.

"하나님의 나라는 볼 수 있게 임하는 것이 아니요 또 여기 있다 저기 있다고도 못하리니 하나님의 나라는 너희 안에 있느니라"(눅 17:20-21).

이 책은 다음과 같은 가정에 좋은 안내서가 될 것입니다.
첫째, 가정예배를 처음 시작하는 가정
둘째, 가정예배를 어떻게 인도해야 할지 고민하는 가정
셋째, 가정예배를 시작했으나 지속하기 힘들어하는 가정
넷째, 가정예배를 준비하는 데 있어서 다양한 자료를 얻기 원하는 가정
다섯째, 체계적으로 가정예배를 드리기 원하는 가정

이 책을 효과적으로 사용하기 위해서는 사단법인 꿈이있는미래의 홈페이지(www.coommi.org)를 활용하시기 바랍니다. 보석과 같은 자료들을 준비해 놓았습니다.
이제, 하나님 나라를 향해 출발하도록 하겠습니다.

우리 가정은 바이블 원정대가 되어 하나님 나라 속으로 깊숙이 들어가게 될 것입니다.

우리 가정을 통해 하나님의 나라가 확장될 것입니다.

"오늘 내가 네게 명하는 이 말씀을 너는 마음에 새기고 네 자녀에게 부지런히 가르치며 집에 앉았을 때에든지 길을 갈 때에든지 누워 있을 때에든지 일어날 때에든지 이 말씀을 강론할 것이며"(신 6:6-7).

꿈이있는미래 소장 주경훈

가정예배 십계명

1. 우리 가정은 하나님이 세우신 공동체로서 교회 같은 가정을 이루기 위해 최선을 다한다.
2. 영적 세대 계승을 이루어 가정에 영적 기념비를 세운다.
3. 아무리 바빠도 일주일에 꼭 한 번은 가정예배를 드린다.
4. 부모는 영적 교사로서 자녀에게 본이 되는 삶을 산다.
5. 자녀는 부모를 하나님의 대리자로 여겨 공경하며 가르침에 순종한다.
6. 가정예배 헌금을 드려 하나님의 나라와 이웃을 위해 흘려 보낸다.
7. 가족 여행 중에도 정한 시간이 되면 있는 곳에서 예배를 드린다.
8. 급한 일로 가정예배를 드리지 못할 때는 그 시간, 그 자리에서 간단하게 기도한다.
9. 가정예배 중에 오고가는 대화는 열린 마음으로 하며 서로의 생각과 의견을 존중한다.
10. 가정예배를 드린 후 기록한 가족 미션을 이루기 위해 한 주간 최선의 노력을 다한다.

가정예배 서약서

나는 가정의 영적 제사장으로서
하나님이 나에게 부여하신 사명을 따라
가정예배의 회복과 신앙의 세대 계승을 위해
가정예배를 시작할 것을 하나님 앞에 서약합니다.

가정예배 요일:
가정예배 시간:
가정예배 참여자:
가정예배 규칙:

년   월   일

서약자: (인)

차례

서문 ····· 4

1월

| 첫째 주 | 고난 중에 부를 노래 ···················· 18
| 둘째 주 | 무릎이 흔들릴 때 무릎 꿇어 기도하라 ···················· 23
| 셋째 주 | 뜻을 정하여 자기를 더럽히지 말라 ···················· 28
| 넷째 주 | 알고도 죄를 짓는 어리석은 자의 최후 ···················· 34

2월

| 첫째 주 | 그리스도인이 세상을 대하는 방식 ···················· 39
| 둘째 주 | 하나님의 약속은 반드시 이루어진다 ···················· 44
| 셋째 주 | 중단된 성전 공사를 완성하라 ···················· 49
| 넷째 주 | 쓰임받는 사람의 조건 ···················· 54

3월

| 첫째 주 | 숨겨진 두더지를 잡으라 ···················· 59
| 둘째 주 | 회복은 한 사람의 기도로부터 시작된다 ···················· 65
| 셋째 주 | 물러섬 없이 성벽을 재건하라 ···················· 70
| 넷째 주 | 회복의 과정 ···················· 75
| 다섯째 주 | 인봉에 동참하라 ···················· 80

4월

- **첫째 주** 네가 누구냐? ········· 86
- **둘째 주** 잔치는 계속된다 ········· 91
- **셋째 주** 거듭남의 비밀 ········· 96
- **넷째 주** 생명의 떡을 먹으라 ········· 101

5월

- **첫째 주** 율법도 지키고 사람도 살리고 ········· 106
- **둘째 주** 고통, 하나님이 하시는 일을 나타낼 통로 ········· 111
- **셋째 주** 나는 선한 목자라 ········· 116
- **넷째 주** 나사로야, 나오라 ········· 121

6월

- **첫째 주** 인생의 마지막까지 해야 할 일 ········· 126
- **둘째 주** 새 계명을 너희에게 주노니 ········· 131
- **셋째 주** 예수님이 주시는 평안 ········· 135
- **넷째 주** 나의 안에 거하라 ········· 140
- **다섯째 주** 회복시키는 은혜를 경험하라 ········· 145

7월

첫째 주	성령이 임하시다	150
둘째 주	예수 그리스도의 이름으로 일어나 걸으라	155
셋째 주	부흥하는 교회의 특징	160
넷째 주	제자의 두 마디 외침	164

8월

첫째 주	하늘이 열리다	169
둘째 주	성령님께 이끌리는 삶	174
셋째 주	빛을 만나다	179
넷째 주	실천적 경건	184

9월

첫째 주	성령의 인도하심을 따라	189
둘째 주	특별하게 쓰임받는 사람의 특징	194
셋째 주	가장 확실하게 길을 찾는 방법	199
넷째 주	복음의 권세를 누리라	204
다섯째 주	주의 말씀이 힘이 있어 흥왕하다	210

10월

첫째 주	주 예수의 이름을 위하여	215
둘째 주	담대히 증언해야 한다	220
셋째 주	예수님을 만나면 변화된다	225
넷째 주	담대하게 사도행전의 역사를 이어 가라	230

11월

첫째 주	예수님을 아는 것이 세상을 이기는 힘이다	235
둘째 주	깊이 생각해야 할 것	240
셋째 주	하나님의 맹세	245
넷째 주	믿음으로 사는 삶	250

12월

첫째 주	하나님과 사귀다	256
둘째 주	서로 사랑할 것이니라	261
셋째 주	때가 가까우니라	266
넷째 주	사랑의 양면성	271
다섯째 주	새 하늘과 새 땅	276

고난 중에 부를 노래

1월 첫째 주

예레미야애가 3장 19-39절
찬송가 212장 겸손히 주를 섬길 때

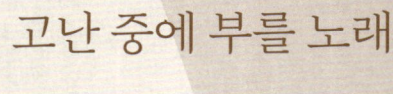

예레미야애가 3장 19-39절

19 내 고초와 재난 곧 쑥과 담즙을 기억하소서
20 내 마음이 그것을 기억하고 내가 낙심이 되오나
21 이것을 내가 내 마음에 담아 두었더니 그것이 오히려 나의 소망이 되었사옴은
22 여호와의 인자와 긍휼이 무궁하시므로 우리가 진멸되지 아니함이니이다
23 이것들이 아침마다 새로우니 주의 성실하심이 크시도소이다
24 내 심령에 이르기를 여호와는 나의 기업이시니 그러므로 내가 그를 바라리라 하도다
25 기다리는 자들에게나 구하는 영혼들에게 여호와는 선하시도다
26 사람이 여호와의 구원을 바라고 잠잠히 기다림이 좋도다
27 사람은 젊었을 때에 멍에를 메는 것이 좋으니
28 혼자 앉아서 잠잠할 것은 주께서 그것을 그에게 메우셨음이라
29 그대의 입을 땅의 티끌에 댈지어다 혹시 소망이 있을지로다

30 자기를 치는 자에게 뺨을 돌려대어 치욕으로 배불릴지어다
31 이는 주께서 영원하도록 버리지 아니하실 것임이며
32 그가 비록 근심하게 하시나 그의 풍부한 인자하심에 따라 긍휼히 여기실 것임이라
33 주께서 인생으로 고생하게 하시며 근심하게 하심은 본심이 아니시로다
34 세상에 있는 모든 갇힌 자들을 발로 밟는 것과
35 지존자의 얼굴 앞에서 사람의 재판을 굽게 하는 것과
36 사람의 송사를 억울하게 하는 것은 다 주께서 기쁘게 보시는 것이 아니로다
37 주의 명령이 아니면 누가 이것을 능히 말하여 이루게 할 수 있으랴
38 화와 복이 지존자의 입으로부터 나오지 아니하느냐
39 살아 있는 사람은 자기 죄들 때문에 벌을 받나니 어찌 원망하랴

고통과 고난은 참 눈치가 없습니다. 그래서 항상 적절하지 않은 순간에, 준비되지 않았을 때 찾아옵니다. 고통과 고난은 그 끝을 알 수가 없습니다. 결과를 모르니 더욱 불안해집니다. 위대한 선지자 예레미야도 고통을 피하지 못했습니다. 그는 지금 민족의 큰 고통 앞에 함께 아파하고 있습니다. 그런데 그는 고통을 당하는 사람들의 일반적인 반응이 아닌 전혀 다른 반응을 보입니다. 고난 중에 예레미야가 보인 반응이 우리의 반응이 되길 바랍니다.

오히려 소망을 품는다

동일한 사건이 일어나도 사건에 대한 반응은 사람마다 다릅니다. 사건이 외부에서 주어지는 것이라면, 반응은 내 안에서 일어나는 것입니

다. 많은 사람이 고통 가운데 있을 때 두려워하며 절망합니다. 이것이 자연스러운 반응입니다. 그런데 예레미야는 부자연스러운 반응을 보입니다. "이것을 내가 내 마음에 담아 두었더니 그것이 오히려 나의 소망이 되었사옴은"(21절). 예레미야는 고난 중에 오히려 소망을 품는다고 고백합니다. 그 이유는 무엇일까요? 하나님이 나를 '기억'하고 계시다는 믿음이 있었기 때문입니다. "내 고초와 재난 곧 쑥과 담즙을 기억하소서"(19절). 하나님이 나를 잊지 않고 기억하신다는 믿음은 어떤 고통 중에도 다시 소망을 품게 만듭니다. 예레미야는 이스라엘의 역사를 통해서 하나님이 기억하실 때 어떤 일들이 일어나는지를 알고 있었습니다. "여호와의 인자와 긍휼이 무궁하시므로 우리가 진멸되지 아니함이니이다"(22절). 하나님이 기억하시면 절대로 진멸되지 않습니다. "이것들이 아침마다 새로우니 주의 성실하심이 크시도소이다"(23절). 예레미야는 고통 중에도 아침마다 새로운 주의 성실하심을 찬양합니다. 하나님은 지금도 우리를 기억하고 계십니다. 그러므로 우리는 아침마다 새로운 소망을 품을 수 있습니다.

하나님은 언제나 선하시다

예레미야는 고난 중에도 하나님의 선하심을 확신합니다. "기다리는 자들에게나 구하는 영혼들에게 여호와는 선하시도다"(25절). 고난을 당할 때 사람들은 하나님에 대한 믿음이 흔들리고, 하나님의 선하심을 의심합니다. '하나님이 어떻게 나에게 이렇게 하실 수가 있어!' 이런 생각이 발전하면, '하나님은 나쁘시거나 안 계신 것이 확실해!'라는 생각에까지 이릅니다. 하지만 예레미야는 나라가 무너져 가는 순간에도 하나님의 선하심을 의심하지 않습니다. 예레미야는 이스라엘 역사를 통해 하나님이 단 한 번도 하나님의 백성을 버리신 일이 없다는 것을 확신했던 것입니다. 하나님은 언제나 선하십니다. 상황과 환경이 나를 고통스럽게 하는 중에도 하나님은 언제나 선하십니다. 이 믿음이 있다면 태풍과 같은 고통 중에도 잠잠할 수 있습니다. "사람이 여호와의 구원을 바라고 잠잠히 기다림이 좋도다"(26절). 하나님의 선하심을 확신하는 사람은 모든 상황 속에서 잠잠히 하나님을 기다립니다.

하나님과 친밀한 예레미야는 이스라엘을 향한 하나님의 본심을 잘 알고 있었습니다. "주께서 인생으로 고생하게 하시며 근심하게 하심은 본심이 아니시로다"(33절). 환경이 우리 편이 아닐 수 있고, 수많은 고통이 우리를 눈물 나게 할 수 있습니다. 하지만 선하신 하나님은 여전히 우리 편이시고, 우리를 기억하고 계십니다. 고난 중에 본문의 말씀이 우리의 노래가 되길 소망합니다.

📍 나눔

1. 최근에 고난을 당한 적이 있나요? 그때 나는 어떻게 반응했는지 가족과 나눠 보세요.
2. 하나님의 선하심을 경험한 적이 있나요? 그때의 경험을 가족과 나눠 보세요.

📍 기도

우리 가정을 기억하시는 하나님, 감사합니다. 우리 가정이 선하신 하나님 안에서 아침마다 새로운 소망을 품고 살아가게 하소서. 세상이 요동쳐도 하나님 안에서 잠잠한 가정이 되게 하소서. 우리 가정의 소망이신 예수님의 이름으로 기도합니다. 아멘.

📍 우리 가족 이번 주 미션

무릎이 흔들릴 때 무릎 꿇어 기도하라

1월 둘째 주

예레미야애가 5장 1-22절
찬송가 523장 어둔 죄악 길에서

예레미야애가 5장 1-22절

1 여호와여 우리가 당한 것을 기억하시고 우리가 받은 치욕을 살펴보옵소서
2 우리의 기업이 외인들에게, 우리의 집들도 이방인들에게 돌아갔나이다
3 우리는 아버지 없는 고아들이오며 우리의 어머니는 과부들 같으니
4 우리가 은을 주고 물을 마시며 값을 주고 나무들을 가져오며
5 우리를 뒤쫓는 자들이 우리의 목을 눌렀사오니 우리가 기진하여 쉴 수 없나이다
6 우리가 애굽 사람과 앗수르 사람과 악수하고 양식을 얻어 배불리고자 하였나이다
7 우리의 조상들은 범죄하고 없어졌으며 우리는 그들의 죄악을 담당하였나이다
8 종들이 우리를 지배함이여 그들의 손에서 건져낼 자가 없나이다
9 광야에는 칼이 있으므로 죽기를 무릅써야 양식을 얻사오니
10 굶주림의 열기로 말미암아 우리의 피부가 아궁이처럼 검으니이다
11 대적들이 시온에서 부녀들을, 유다 각 성읍에서 처녀들을 욕보였나이다

12 지도자들은 그들의 손에 매달리고 장로들의 얼굴도 존경을 받지 못하나이다
13 청년들이 맷돌을 지며 아이들이 나무를 지다가 엎드러지오며
14 노인들은 다시 성문에 앉지 못하며 청년들은 다시 노래하지 못하나이다
15 우리의 마음에는 기쁨이 그쳤고 우리의 춤은 변하여 슬픔이 되었사오며
16 우리의 머리에서는 면류관이 떨어졌사오니 오호라 우리의 범죄 때문이니이다
17 이러므로 우리의 마음이 피곤하고 이러므로 우리 눈들이 어두우며
18 시온 산이 황폐하여 여우가 그 안에서 노나이다
19 여호와여 주는 영원히 계시오며 주의 보좌는 대대에 이르나이다
20 주께서 어찌하여 우리를 영원히 잊으시오며 우리를 이같이 오래 버리시나이까
21 여호와여 우리를 주께로 돌이키소서 그리하시면 우리가 주께로 돌아가겠사오니 우리의 날들을 다시 새롭게 하사 옛적 같게 하옵소서
22 주께서 우리를 아주 버리셨사오며 우리에게 진노하심이 참으로 크시니이다

살다 보면 힘에 겨워 무릎이 흔들리는 때를 만납니다. 그 원인이 자신의 죄 때문일 수도 있고, 공동체의 죄 때문일 수도 있고, 사회 구조의 문제일 수도 있습니다. 이때 우리는 '과연 회복될 수 있을까?'라는 의문을 갖게 됩니다. 오늘 본문은 이 질문에 대한 확실한 답을 주고 있습니다. 무릎이 흔들릴 때 무릎 꿇어 기도한다면 회복은 언제나 가능합니다. 인생이 끝자락에 있더라도, 죄의 무게가 감당하기 힘든 것이라 할지라도 하나님 안에서 회복은 언제나 가능합니다. 회복을 원한다면 예레미야의 기도를 우리의 기도로 만들어야 합니다.

통회하는 기도를 드리라

영혼의 회복은 죄를 은폐하지 않고 드러내어 회개할 때 시작됩니다. 죄는 감춘다고 사라지지 않습니다. 감추어진 죄는 영혼의 깊은 곳까지 전이되어 삶의 모든 부분을 무너뜨립니다. 예레미야는 분명한 언어로 죄를 고백합니다. "우리의 머리에서는 면류관이 떨어졌사오니 오호라 우리의 범죄 때문이니이다"(16절). 이스라엘은 자녀들에게 좋은 믿음이 아니라 죄를 전수했습니다. 죄의 악순환과 죄의 대물림이 여러 세대에 걸쳐 일어났습니다. 그 결과 이스라엘은 이방인들에게 압제를 당했습니다(2절). 나라는 무너졌고, 많은 사람이 죽었고, 살아남은 사람들은 포로로 끌려갔습니다. 거리에는 고아와 과부가 넘쳐났습니다. 육체적 고통과 함께 정신적·영적 고통이 극심했습니다. 수치와 모욕으로 고통스러운 시간을 보내야 했습니다. "우리가 애굽 사람과 앗수르 사람과 악수하고 양식을 얻어 배불리고자 하였나이다"(6절). 악수를 청했다는 것은 목숨을 연명하기 위해 구걸했다는 것입니다. 그런데 돌아온 것은 극심한 강제 노역이었습니다(13절). 예레미야는 죄로 인해 망가진 자신들의 모습을 하나님 앞에 숨김없이 통회합니다. 통회의 기도는 회복의 시작입니다.

여호와의 이름을 붙들라

예레미야는 가장 극심한 고통의 순간에 여호와의 이름을 부릅니다.

"여호와여 주는 영원히 계시오며 주의 보좌는 대대에 이르나이다"(19절). '여호와'라는 이름은 하나님께서 모세에게 직접 알려 주신 이름입니다. 예레미야는 애굽과 앗수르에게 악수를 청하는 것이 아니라, 여호와 하나님의 이름을 붙듭니다. '주의 보좌'는 이 세상을 만드신 분의 전능하신 권세와 능력을 상징합니다. 예레미야는 하나님의 능력이 한 세대에만 영향을 미치는 것이 아니라 모든 세대에 영향을 미친다고 고백하는 것입니다. 21절의 예레미야의 외침은 회복을 소망하는 모든 사람의 외침이어야 합니다. "여호와여 우리를 주께로 돌이키소서 그리하시면 우리가 주께로 돌아가겠사오니 우리의 날들을 다시 새롭게 하사 옛적 같게 하옵소서"(21절). 예레미야는 '주께서 우리를 향해 돌이키소서'라고 하지 않고 '우리를 주께로 돌이키소서'라고 합니다. 이는 하나님과 멀어진 책임이 하나님이 아니라 우리에게 있다는 고백입니다. 하나님만이 우리의 날들을 다시 새롭게 하실 수 있습니다. 어떤 순간에서도 여호와의 이름을 부를 수 있는 가정이 되길 축복합니다.

이스라엘은 자신들의 죄로 인해서 실패했습니다. 하지만 실패의 조각들을 주워 담는 과정을 통해서 실패를 회복하는 방법을 배웠습니다. 그 방법은 무릎이 흔들릴 때 무릎 꿇어 기도하는 것입니다. 여호와 앞에 통회하고, 여호와의 이름을 붙잡는 것입니다. 그때 회복은 반드시 일어납니다.

📍 나눔

1. 이스라엘은 자녀들에게 믿음이 아니라 죄를 전수했습니다. 나는 자녀들에게 어떤 것을 전수하고 싶은지 가족과 나눠 보세요.
2. 지난날의 나의 실패의 조각들을 떠올려 보고, 실패를 통해 무엇을 배웠는지 가족과 나눠 보세요.

📍 기도

하나님, 우리 가정을 돌이키소서. 우리 가정을 새롭게 하여 주소서. 위기의 순간에 세상과 악수하지 않게 하시고, 하나님께 무릎 꿇는 가정이 되게 하소서. 오직 하나님만을 경외하는 가정이 되게 하소서. 왕이신 예수님의 이름으로 기도합니다. 아멘.

📍 우리 가족 이번 주 미션

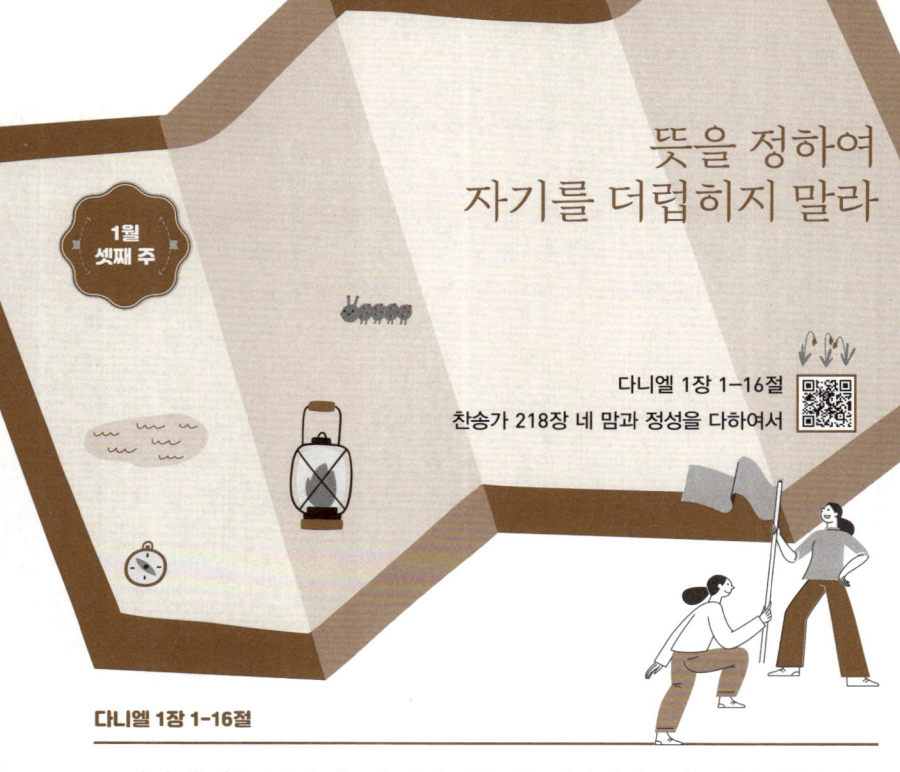

뜻을 정하여 자기를 더럽히지 말라

1월 셋째 주

다니엘 1장 1-16절
찬송가 218장 네 맘과 정성을 다하여서

다니엘 1장 1-16절

1 유다 왕 여호야김이 다스린 지 삼 년이 되는 해에 바벨론 왕 느부갓네살이 예루살렘에 이르러 성을 에워쌌더니

2 주께서 유다 왕 여호야김과 하나님의 전 그릇 얼마를 그의 손에 넘기시매 그가 그것을 가지고 시날 땅 자기 신들의 신전에 가져다가 그 신들의 보물 창고에 두었더라

3 왕이 환관장 아스부나스에게 말하여 이스라엘 자손 중에서 왕족과 귀족 몇 사람

4 곧 흠이 없고 용모가 아름다우며 모든 지혜를 통찰하며 지식에 통달하며 학문에 익숙하여 왕궁에 설 만한 소년을 데려오게 하였고 그들에게 갈대아 사람의 학문과 언어를 가르치게 하였고

5 또 왕이 지정하여 그들에게 왕의 음식과 그가 마시는 포도주에서 날마다 쓸 것을 주어 삼 년을 기르게 하였으니 그 후에 그들은 왕 앞에 서게 될 것이더라

6 그들 가운데는 유다 자손 곧 다니엘과 하나냐와 미사엘과 아사랴가 있었더니

7 환관장이 그들의 이름을 고쳐 다니엘은 벨드사살이라 하고 하나냐는 사드락이라 하고 미사엘은 메삭이라 하고 아사랴는 아벳느고라 하였더라
8 다니엘은 뜻을 정하여 왕의 음식과 그가 마시는 포도주로 자기를 더럽히지 아니하리라 하고 자기를 더럽히지 아니하도록 환관장에게 구하니
9 하나님이 다니엘로 하여금 환관장에게 은혜와 긍휼을 얻게 하신지라
10 환관장이 다니엘에게 이르되 내가 내 주 왕을 두려워하노라 그가 너희 먹을 것과 너희 마실 것을 지정하셨거늘 너희의 얼굴이 초췌하여 같은 또래의 소년들만 못한 것을 그가 보게 할 것이 무엇이냐 그렇게 되면 너희 때문에 내 머리가 왕 앞에서 위태롭게 되리라 하니라
11 환관장이 다니엘과 하나냐와 미사엘과 아사랴를 감독하게 한 자에게 다니엘이 말하되
12 청하오니 당신의 종들을 열흘 동안 시험하여 채식을 주어 먹게 하고 물을 주어 마시게 한 후에
13 당신 앞에서 우리의 얼굴과 왕의 음식을 먹는 소년들의 얼굴을 비교하여 보아서 당신이 보는 대로 종들에게 행하소서 하매
14 그가 그들의 말을 따라 열흘 동안 시험하더니
15 열흘 후에 그들의 얼굴이 더욱 아름답고 살이 더욱 윤택하여 왕의 음식을 먹는 다른 소년들보다 더 좋아 보인지라
16 그리하여 감독하는 자가 그들에게 지정된 음식과 마실 포도주를 제하고 채식을 주니라

하나님만을 의지해야 하는 남유다가 애굽을 의지했습니다. 그 결과 남유다는 애굽과 적대 관계에 있던 바벨론에 의해 침략당했습니다. 늘 그렇듯이 하나님만이 우리를 보호해 주실 수 있습니다. 다니엘 시대의 사회적 분위기는 회색빛이었습니다. 나라는 망했고, 성전의 기물은 약탈당했으며, 남유다 사람들은 바벨론의 포로로 끌려갔습니다. 한때 위

용을 뽐내던 유다는 이제 소망 없는 땅이 되었습니다. 하지만 바벨론 땅에 포로로 끌려온 다니엘과 그의 친구들은 소망이 없어 보이는 현실 속에서도 하나님을 향한 뜻을 정합니다. 이때가 바로 회복의 불씨가 살아나는 순간입니다.

거룩하기를 결단하라

바벨론은 왕국을 효율적으로 관리하기 위해서 친바벨론 성향의 인재를 양성하려고 계획합니다. 그중에 다니엘과 친구들이 포함되어 있었습니다. 바벨론은 왕국의 인재를 길러 내기 위해 철저한 계획을 세웁니다. 첫째, 미래에 성장 가능성이 높은 출중한 인재를 선별합니다. '흠이 없고 용모가 아름다우며 모든 지혜를 통찰하며 지식에 통달하며 학문에 익숙한'(4절) 어린 인재를 선별합니다. 둘째, 최고의 지식과 학문을 가르칩니다. 셋째, 건강을 위한 양질의 음식을 먹입니다. 넷째, 기간을 정해서 철저하게 평가합니다. 세상은 지금도 자신들의 제자를 양성하기 위해서 최선의 노력을 다하고 있습니다. 지금보다도 더욱 화려한 왕국을 만들기 위해 최선의 노력을 다합니다. 이런 세상 속에서 하나님의 자녀들은 어떻게 살아가야 할까요? 거룩하기로 결단해야 합니다. "다니엘은 뜻을 정하여 왕의 음식과 그가 마시는 포도주로 자기를 더럽히지 아니하리라 하고"(8a절). 다니엘의 몸은 바벨론에 포로로 끌려왔지만, 그의 영혼은 하나님 안에서 자유했습니다. 그의 육체는 하루도 편안하지 않았으나, 그의 영혼은 하나님 안에서 늘 평안했습니다.

바벨론 같은 세상에서 거룩하기를 결단하는 가정이 되어야 합니다.

거룩한 일을 시도하라

다니엘의 요구는 바벨론의 관리인 환관장에게는 받아들이기 힘든 것이었습니다. 일이 잘못되면 자신의 머리가 위태로울 수도 있는 상황이었기 때문입니다(10절). 다니엘은 환관장에게 세 가지를 제시하며 거룩한 일을 지혜롭게 요구했습니다. 첫째, 기한을 '열흘 동안'(12절)으로 정하여 안심시킵니다. 둘째, 음식을 '채식과 물'만 먹겠다고 합니다. 셋째, 평가는 왕의 음식을 먹는 소년들과 자신들의 얼굴 비교로 하자고 합니다. 다니엘의 요구는 환관장이 볼 때 납득이 되고 용납이 되는 제안이었습니다. 이 세상에서 하나님의 자녀로 살아갈 때 이러한 겸손과 지혜가 필요합니다. 열흘간의 테스트 결과는 기대 이상이었습니다. 그냥 좋은 정도가 아니라 "그들의 얼굴이 더욱 아름답고 살이 더욱 윤택하여 왕의 음식을 먹는 다른 소년들보다 더 좋아"(15절) 보였습니다. 다니엘은 음식에 있어서 자유로운 사람이 되었습니다. 다니엘은 비록 포로로 끌려왔지만 자신의 몸을 움직일 영양분을 바벨론의 방식으로 채우는 것이 아니라, 거룩으로 채우겠다고 다짐했습니다. 다니엘은 무엇을 먹을까 무엇을 마실까 무엇을 입을까 염려하기 이전에 먼저 하나님의 나라와 하나님의 의를 구하는 사람이었습니다. 하나님은 거룩을 다짐하는 우리를 반드시 형통한 길로 인도하십니다.

선교사 윌리엄 캐리는 "하나님으로부터 위대한 일들을 기대하라. 하나님을 위해 위대한 일들을 성취하라"(Expect great things from God, attempt great things for God)라고 했습니다. 소망 없는 세상에서도 거룩하기를 결단할 때 소망의 싹을 보게 될 것입니다. 거룩하기를 결단하고 도전하는 가정이 되길 축복합니다.

📍 나눔

1. 거룩하기를 결단하며 구체적인 계획을 세우고 가족과 나눠 보세요.
2. 거룩하기 위해서 몸부림쳤던 경험이 있나요? 그 결과가 어떠했는지 가족과 나눠 보세요.

📍 기도

흠이 없고 거룩하신 하나님, 우리 가정이 거룩하기를 바랍니다. 다른 그 어떤 것보다 거룩하기를 열렬히 사모하는 가정이 되게 하소서. 바벨론 같은 세상에서 포기하지 않고 거룩하기를 계획하고 시도하는 가정이 되게 하소서. 순결하신 예수님의 이름으로 기도합니다. 아멘.

📍 우리 가족 이번 주 미션

알고도 죄를 짓는 어리석은 자의 최후

1월 넷째 주

다니엘 5장 17-31절
찬송가 67장 영광의 왕께 다 경배하며

다니엘 5장 17-31절

17 다니엘이 왕에게 대답하여 이르되 왕의 예물은 왕이 친히 가지시며 왕의 상급은 다른 사람에게 주옵소서 그럴지라도 내가 왕을 위하여 이 글을 읽으며 그 해석을 아뢰리이다

18 왕이여 지극히 높으신 하나님이 왕의 부친 느부갓네살에게 나라와 큰 권세와 영광과 위엄을 주셨고

19 그에게 큰 권세를 주셨으므로 백성들과 나라들과 언어가 다른 모든 사람들이 그의 앞에서 떨며 두려워하였으며 그는 임의로 죽이며 임의로 살리며 임의로 높이며 임의로 낮추었더니

20 그가 마음이 높아지며 뜻이 완악하여 교만을 행하므로 그의 왕위가 폐한 바 되며 그의 영광을 빼앗기고

21 사람 중에서 쫓겨나서 그의 마음이 들짐승의 마음과 같았고 또 들나귀와 함께 살며 또 소처럼 풀을 먹으며 그의 몸이 하늘 이슬에 젖었으며 지극히 높으신 하

나님이 사람 나라를 다스리시며 자기의 뜻대로 누구든지 그 자리에 세우시는 줄을 알기에 이르렀나이다

22 벨사살이여 왕은 그의 아들이 되어서 이것을 다 알고도 아직도 마음을 낮추지 아니하고
23 도리어 자신을 하늘의 주재보다 높이며 그의 성전 그릇을 왕 앞으로 가져다가 왕과 귀족들과 왕후들과 후궁들이 다 그것으로 술을 마시고 왕이 또 보지도 듣지도 알지도 못하는 금, 은, 구리, 쇠와 나무, 돌로 만든 신상들을 찬양하고 도리어 왕의 호흡을 주장하시고 왕의 모든 길을 작정하시는 하나님께는 영광을 돌리지 아니한지라
24 이러므로 그의 앞에서 이 손가락이 나와서 이 글을 기록하였나이다
25 기록된 글자는 이것이니 곧 메네 메네 데겔 우바르신이라
26 그 글을 해석하건대 메네는 하나님이 이미 왕의 나라의 시대를 세어서 그것을 끝나게 하셨다 함이요
27 데겔은 왕을 저울에 달아 보니 부족함이 보였다 함이요
28 베레스는 왕의 나라가 나뉘어서 메대와 바사 사람에게 준 바 되었다 함이니이다 하니
29 이에 벨사살이 명하여 그들이 다니엘에게 자주색 옷을 입히게 하며 금 사슬을 그의 목에 걸어 주고 그를 위하여 조서를 내려 나라의 셋째 통치자로 삼으니라
30 그 날 밤에 갈대아 왕 벨사살이 죽임을 당하였고
31 메대 사람 다리오가 나라를 얻었는데 그 때에 다리오는 육십이 세였더라

가장 무서운 내면의 질병은 교만입니다. 교만은 스스로를 하나님처럼 여기는 마음이기 때문입니다. 교만하면 귀가 닫히고, 눈이 감기고, 뇌가 오작동하게 됩니다. 그래서 뻔히 죄인 줄 알면서도 죄를 짓고, 안전할 것이라고 생각합니다. 하지만 교만한 인생의 최후는 멸망입니다. 벨사살은 교만한 삶의 결과를 잘 보여 줍니다. 벨사살을 통해서 우리는

다음과 같은 사실을 배울 수 있습니다.

역사를 통해 배워야 한다

벨사살은 귀족들과 잔치하며 예루살렘 성전에서 탈취해 온 금, 은 그릇을 사용합니다. 이런 행위는 하나님에 대한 대단한 모독입니다. 벨사살이 그의 아버지 느부갓네살의 이야기를 알고 있다면 절대로 이런 행위를 할 수 없습니다. 하나님은 느부갓네살에게 나라와 큰 권세와 영광을 주셨습니다(18절). 그런데 느부갓네살은 겸손하게 행동하지 않고 교만하게 행동했습니다. 그 결과 그는 나라에서 쫓겨나 들짐승과 함께 살고 풀을 먹으며 사는 비참한 신세가 되었습니다(21절). 벨사살은 아버지의 이런 이야기를 다 알고 있었습니다. "벨사살이여 왕은 그의 아들이 되어서 이것을 다 알고도 아직도 마음을 낮추지 아니하고"(22절). 사람의 어리석음이 이처럼 무섭습니다. 교만은 일종의 자해입니다. 교만의 결과는 분명합니다. 교만의 결과를 모르는 성도는 없습니다. 그런데 알고도 교만하다면 그것은 자신을 해치는 자해와 같습니다. 역사를 통해서 배우고, 배운 바를 실천하며 살아야 합니다.

하나님의 저울은 지금도 작동하고 있다

벽에 쓰인 글씨에 대한 다니엘의 해설이 거침없이 진행됩니다. 다니엘의 음성은 술에 잔뜩 취한 천여 명의 귀족과 벨사살이 정신을 바짝 차리게 하는 외침입니다. 기록된 글자는 "메네 메네 데겔 우바르신"인데, 이를 해석하면 '세어 보았다. 세어 보았다. 무게를 달아 보았다. 나누어진다'입니다. 즉, 벨사살의 행위가 하나님의 의의 기준에 미달되어서 결국 나라가 나누어진다는 심판의 내용이었습니다. 하나님의 저울은 지금도 작동하고 있습니다. 하나님의 저울은 돈, 명예, 권력, 스펙과 같은 세상의 기준에 따라 기울지 않습니다. 하나님의 저울은 하나님 앞에서의 겸손 혹은 교만에 따라 기울어집니다. 하나님은 마음의 중심을 저울에 달아 보십니다. 공의로우신 하나님을 속일 수는 없습니다. 아직 행동으로 나오지 않은 생각과 마음까지도 하나님의 저울에 올라갑니다. "여호와께서는 높이 계셔도 낮은 자를 굽어살피시며 멀리서도 교만한 자를 아심이니이다"(시 138:6).

결국 벨사살은 심판의 메시지를 들은 날 밤에 죽임을 당합니다(30절). 이것이 인생입니다. 아무리 왕이라고 할지라도 하나님이 부르시면 가는 것이 인생입니다. 알고도 죄를 짓는 어리석은 사람이 되어서는 안 됩니다. 하나님의 저울에 부족함이 없는 가정이 되길 축복합니다.

📍 나눔

1. 내가 알고 있는 겸손한 사람을 가족에게 소개해 주세요.
2. 하나님의 저울에 부족함이 없는 가정이 되기 위해서 어떤 노력이 필요할지 가족과 나눠 보세요.

📍 기도

하나님의 능하신 손 아래에서 겸손한 가정이 되길 원합니다. 교만하여 자해하듯 살지 않게 하시고, 겸손하여 하나님과 동행하는 가정이 되게 하소서. 성경을 통해서 배우고, 배운 바 확신에 거하는 가정이 되게 하소서. 왕이신 예수님의 이름으로 기도합니다. 아멘.

📍 우리 가족 이번 주 미션

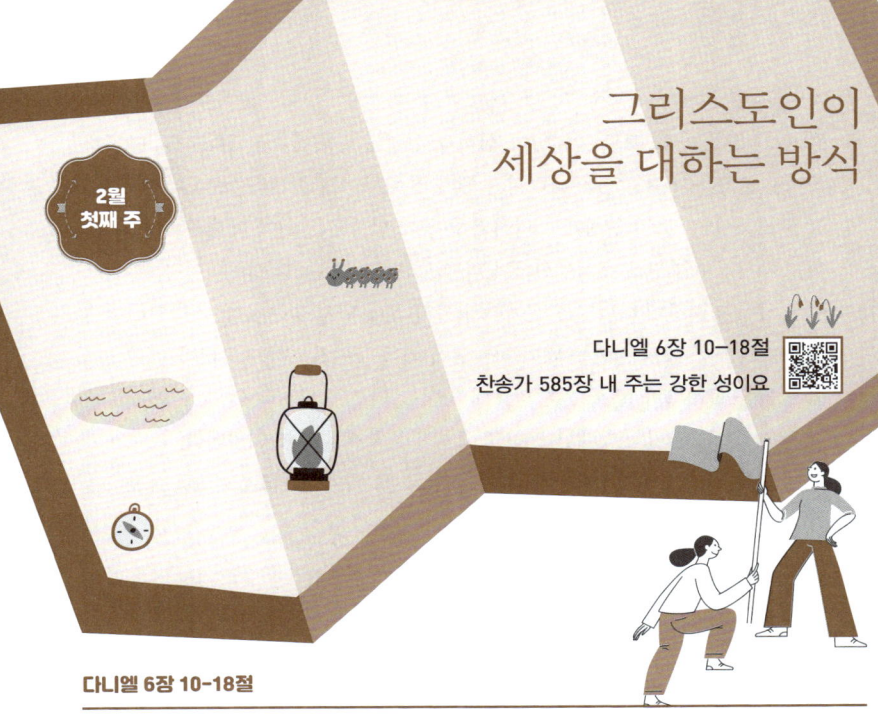

그리스도인이 세상을 대하는 방식

2월 첫째 주

다니엘 6장 10-18절
찬송가 585장 내 주는 강한 성이요

다니엘 6장 10-18절

10 다니엘이 이 조서에 왕의 도장이 찍힌 것을 알고도 자기 집에 돌아가서는 윗방에 올라가 예루살렘으로 향한 창문을 열고 전에 하던 대로 하루 세 번씩 무릎을 꿇고 기도하며 그의 하나님께 감사하였더라
11 그 무리들이 모여서 다니엘이 자기 하나님 앞에 기도하며 간구하는 것을 발견하고
12 이에 그들이 나아가서 왕의 금령에 관하여 왕께 아뢰되 왕이여 왕이 이미 금령에 왕의 도장을 찍어서 이제부터 삼십 일 동안에는 누구든지 왕 외의 어떤 신에게나 사람에게 구하면 사자 굴에 던져 넣기로 하지 아니하였나이까 하니 왕이 대답하여 이르되 이 일이 확실하니 메대와 바사의 고치지 못하는 규례니라 하는지라
13 그들이 왕 앞에서 말하여 이르되 왕이여 사로잡혀 온 유다 자손 중에 다니엘이 왕과 왕의 도장이 찍힌 금령을 존중하지 아니하고 하루 세 번씩 기도하나이다

하니
14 왕이 이 말을 듣고 그로 말미암아 심히 근심하여 다니엘을 구원하려고 마음을 쓰며 그를 건져내려고 힘을 다하다가 해가 질 때에 이르렀더라
15 그 무리들이 또 모여 왕에게로 나아와서 왕께 말하되 왕이여 메대와 바사의 규례를 아시거니와 왕께서 세우신 금령과 법도는 고치지 못할 것이니이다 하니
16 이에 왕이 명령하매 다니엘을 끌어다가 사자 굴에 던져 넣는지라 왕이 다니엘에게 이르되 네가 항상 섬기는 너의 하나님이 너를 구원하시리라 하니라
17 이에 돌을 굴려다가 굴 어귀를 막으매 왕이 그의 도장과 귀족들의 도장으로 봉하였으니 이는 다니엘에 대한 조치를 고치지 못하게 하려 함이었더라
18 왕이 궁에 돌아가서는 밤이 새도록 금식하고 그 앞에 오락을 그치고 잠자기를 마다하니라

다리오는 다니엘을 깊이 총애하여 다니엘이 전국을 다스리게 했습니다. 총리들과 고관들은 이를 못마땅히 여겼습니다. 그래서 다니엘을 죽일 계략을 세웠습니다. 앞으로 30일 동안 왕이 아닌 누군가에게 무엇을 구하면 사자 굴에 던져 넣는 금령을 만든 것입니다. 다리오는 이 조서에 왕의 도장을 찍었습니다. 최고의 정치인이었던 다니엘이 이 법을 모를 리가 없고, 이 법의 의도 또한 잘 알고 있었을 것입니다. 그리스도인으로서 이 세상을 살다 보면 불합리한 일들을 많이 겪습니다. 그럴 때 우리는 어떻게 해야 할까요?

전에 하던 대로 삶에 충실해야 한다

다니엘의 특별함은 성실함에 있습니다. 다니엘이 그동안 어떤 삶을

살았고, 앞으로도 그가 어떻게 살아갈지 모든 사람이 다 알 정도였습니다. 다니엘을 죽도록 싫어하는 총리들과 고관들도 알고 있었습니다. 그래서 다니엘의 신앙심을 이용해 그를 사자 굴 속에 집어넣은 것입니다. 다리오는 법령을 어긴 다니엘을 구하고자 힘을 다하여 해가 질 때까지 고민합니다(14절). 다니엘이 사자 굴에 들어간 이후에는 밤이 새도록 금식합니다. 이를 보건대, 다니엘이 평소에 어떤 삶을 살았는지 충분히 짐작할 수 있습니다. 불법이 만연한 세상을 대하는 다니엘의 삶의 방식은 신앙인으로서 성실하게 사는 것이었습니다. 기독교에 대한 사회적 신뢰도가 떨어지고 세상 사람들이 말하듯이 혐오의 대상이 된다면 그리스도인은 세상 속에서 빛과 소금의 역할을 할 수가 없습니다. 그리스도인이 거룩과 성실을 잃어버리면 이 세상에서 외면을 당하게 됩니다. 그리스도인은 가정과 학교, 직장에서 성실해야 합니다. 하나님의 사람으로서 인정을 받아야 합니다.

🔺 전에 하던 대로 기도해야 한다

다니엘은 자신을 흉계로 죽이려는 적들에게 동일한 흉계로 맞서지 않습니다. 왕에게 탄원하지도 않았습니다. 다만 전에 하던 대로 하나님 앞에 무릎을 꿇을 뿐입니다. 단 30일 동안만 기도하지 않으면 아무 일도 없을 텐데 다니엘은 전에 하던 대로 하루에 세 번씩 기도합니다. 다니엘의 기도 내용은 감사였습니다. 아직 문제가 해결된 것도 아닙니다. 세상의 모든 눈이 자신을 향해 부릅뜨고 있습니다. 이 문제를 해결해 달라는 기도나 자신의 안전을 지켜 달라는 기도도 아니고 감사의 기도였습니다. 생각해 보면, 이런 상황 속에서도 감사의 기도를 드릴 수 있는 믿음이 있다는 것이 최고의 감사입니다. 이런 믿음은 절대로 하루아침에 생기지 않습니다. 내일 있을 체력장을 위해 오늘 밤새워 운동한다고 근육이 생기지 않습니다. 도리어 근육통이 생겨 이전만도 못하게 됩니다. 몸의 체질을 개선하겠다고 영양제를 입속에 쏟아 넣는다고 다음 날 건강한 체질로 바뀌지 않습니다. 매일의 삶을 통해 감사의 기도를 드리는 가정이 되길 축복합니다. 모든 일에 감사하는 믿음, 이 믿음이 모든 것을 이기는 믿음입니다.

다니엘은 자신을 향한 흉계를 흉계가 아닌 기도로 대응합니다. 억울하다며 세상에 호소하기보다는 하나님께 감사의 기도를 드립니다. 다니엘은 평소에 세상 속에서 성실했고, 하나님 앞에서 신실했기에 두려워하지 않습니다. 전에 하던 대로 할 뿐입니다. 다니엘과 같은 거룩한 습관을 지닌 가정이 되길 축복합니다.

📍 나눔

1. 나의 주변 사람들은 나의 평소의 모습에 대해서 어떻게 평가할까요? 그 내용을 가족과 나눠 보세요.
2. 다니엘처럼 가정 기도 시간을 정해 보세요. 그리고 습관이 될 때까지 도전해 보세요.

📍 기도

하나님, 우리 가정이 다니엘과 같은 가정이 되길 원합니다. 다니엘이 위기 가운데서도 하루에 세 번씩 자기 집에서 기도했던 것처럼, 우리 가정에 기도의 소리가 멈추지 않게 하소서. 하나님을 향한 감사의 내용이 풍성해지는 가정이 되게 하소서. 함께하시는 예수님의 이름으로 기도합니다. 아멘.

📍 우리 가족 이번 주 미션

하나님의 약속은 반드시 이루어진다

2월 둘째 주

에스라 1장 1–11절
찬송가 445장 태산을 넘어 험곡에 가도

에스라 1장 1–11절

1 바사 왕 고레스 원년에 여호와께서 예레미야의 입을 통하여 하신 말씀을 이루게 하시려고 바사 왕 고레스의 마음을 감동시키시매 그가 온 나라에 공포도 하고 조서도 내려 이르되

2 바사 왕 고레스는 말하노니 하늘의 하나님 여호와께서 세상 모든 나라를 내게 주셨고 나에게 명령하사 유다 예루살렘에 성전을 건축하라 하셨나니

3 이스라엘의 하나님은 참 신이시라 너희 중에 그의 백성 된 자는 다 유다 예루살렘으로 올라가서 이스라엘의 하나님 여호와의 성전을 건축하라 그는 예루살렘에 계신 하나님이시라

4 그 남아 있는 백성이 어느 곳에 머물러 살든지 그 곳 사람들이 마땅히 은과 금과 그 밖의 물건과 짐승으로 도와 주고 그 외에도 예루살렘에 세울 하나님의 성전을 위하여 예물을 기쁘게 드릴지니라 하였더라

5 이에 유다와 베냐민 족장들과 제사장들과 레위 사람들과 그 마음이 하나님께 감

동을 받고 올라가서 예루살렘에 여호와의 성전을 건축하고자 하는 자가 다 일어나니
6 그 사면 사람들이 은 그릇과 금과 물품들과 짐승과 보물로 돕고 그 외에도 예물을 기쁘게 드렸더라
7 고레스 왕이 또 여호와의 성전 그릇을 꺼내니 옛적에 느부갓네살이 예루살렘에서 옮겨다가 자기 신들의 신당에 두었던 것이라
8 바사 왕 고레스가 창고지기 미드르닷에게 명령하여 그 그릇들을 꺼내어 세어서 유다 총독 세스바살에게 넘겨주니
9 그 수는 금 접시가 서른 개요 은 접시가 천 개요 칼이 스물아홉 개요
10 금 대접이 서른 개요 그보다 못한 은 대접이 사백열 개요 그밖의 그릇이 천 개이니
11 금, 은 그릇이 모두 오천사백 개라 사로잡힌 자를 바벨론에서 예루살렘으로 데리고 갈 때에 세스바살이 그 그릇들을 다 가지고 갔더라

모든 관계의 기초는 신뢰입니다. 신뢰가 깨지면 깊은 관계를 맺을 수 없습니다. 하나님은 우리와 깊은 관계를 맺으십니다. 그 관계의 기초는 '하나님은 약속하시며, 약속을 반드시 이루신다'는 믿음입니다. 하나님께 잊힌 존재는 없습니다. 하나님은 우리와의 약속을 반드시 이루십니다.

역사는 하나님의 약속이 펼쳐지는 무대다

존 노엘은 말했습니다. "역사는 하나님의 약속들이 펼쳐지는 무대이다." 누구도 미래를 예측할 수 없지만, 분명한 것은 역사는 하나님의 약

속을 성취하는 방향으로 흘러갑니다. 하나님은 이스라엘과의 약속을 이루시기 위해서 이방 왕 고레스의 마음을 움직이십니다. "바사 왕 고레스 원년에 여호와께서 예레미야의 입을 통하여 하신 말씀을 이루게 하시려고 바사 왕 고레스의 마음을 감동시키시매"(1a절). 예레미야에게 주신 약속은 다음과 같습니다. "여호와의 말씀이니라 칠십 년이 끝나면 내가 바벨론의 왕과 그의 나라와 갈대아인의 땅을 그 죄악으로 말미암아 벌하여 영원히 폐허가 되게 하되"(렘 25:12). 하나님은 이 일을 이룰 사람을 이사야에게 알려 주셨습니다. "고레스에 대하여는 이르기를 내 목자라 그가 나의 모든 기쁨을 성취하리라 하며 예루살렘에 대하여는 이르기를 중건되리라 하며 성전에 대하여는 네 기초가 놓여지리라 하는 자니라"(사 44:28). 역사는 하나님의 약속이 펼쳐지는 무대입니다. 고레스는 하나님을 '참 신'(3절)이라고 고백합니다. 고레스는 심지어 예루살렘 성전에서 가져온 모든 것을 돌려줍니다(7-8절). 하나님은 하나님을 전혀 모르는 이방 사람을 통해서라도 하나님의 약속을 이루십니다.

하나님이 감동을 주실 때 순종하라

하나님은 사람을 통해서 하나님의 약속을 이루십니다. 본문은 하나님이 감동시키신 두 대상을 언급합니다. 첫 번째는 고레스입니다(1절). 두 번째는 유대인들입니다. "이에 유다와 베냐민 족장들과 제사장들과 레위 사람들과 그 마음이 하나님께 감동을 받고 올라가서"(5a절). 하나님은 고레스, 바사 사람들, 유다 총독, 유대인들의 마음을 감동시키셔서 하나님의 약속에 동참하게 하십니다. 유대인들의 입장에서 생각해 보면 이미 70년이 지나서 바사에 잘 정착하고 살았을 때입니다. 미국에서 태어난 한국인 2세대와 마찬가지로, 바사에서 태어난 2세대는 바사인으로서의 정체성을 지니고 있었는지도 모릅니다. 안정적인 삶의 터전을 버리고 폐허가 된 이스라엘로 돌아간다는 것은 쉽지 않은 결단입니다. 하지만 가장 고귀한 삶은 하나님의 부르심에 동참하는 삶입니다. 하나님이 감동을 주실 때 순종하는 삶입니다. 하나님의 역사는 하나님이 주시는 감동에 순종한 사람들로 인해서 진행되어 왔습니다. 이제 우리 가정이 하나님의 역사에 동참할 때입니다.

우리 가정의 운전석을 하나님께 맡기시길 바랍니다. 하나님의 약속을 믿으며 하나님의 말씀에 순종하는 가정이 되어야 합니다. 하나님이 감동을 주실 때 그 감동을 따라 인생의 핸들을 움직일 수 있는 가정이 되길 축복합니다.

📍 나눔

1. 내 인생 가운데 응답받은 하나님의 약속은 무엇인가요? 그 내용을 가족과 나눠 보세요.
2. 지금 하나님이 나의 마음에 감동을 주시는 부분이 있다면 가족과 나눠 보세요.

📍 기도

약속을 주시고 반드시 이루시는 하나님, 우리 가정이 하나님의 약속을 굳게 붙잡는 가정이 되게 하소서. 우리 가정이 하나님의 약속이 성취되는 역사 가운데 조금이라도 일조하는 가정이 되길 원합니다. 우리 가정의 핸들을 붙잡아 주소서. 신실하신 예수님의 이름으로 기도합니다. 아멘.

📍 우리 가족 이번 주 미션

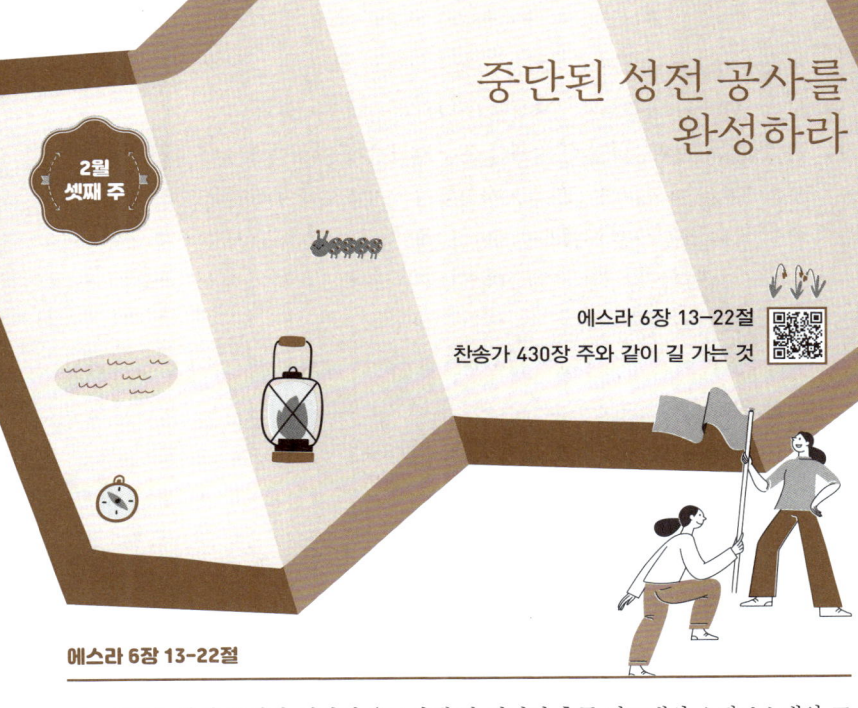

중단된 성전 공사를 완성하라

2월 셋째 주

에스라 6장 13-22절
찬송가 430장 주와 같이 길 가는 것

에스라 6장 13-22절

13 다리오 왕의 조서가 내리매 유브라데 강 건너편 총독 닷드내와 스달보스내와 그들의 동관들이 신속히 준행하니라

14 유다 사람의 장로들이 선지자 학개와 잇도의 손자 스가랴의 권면을 따랐으므로 성전 건축하는 일이 형통한지라 이스라엘 하나님의 명령과 바사 왕 고레스와 다리오와 아닥사스다의 조서를 따라 성전을 건축하며 일을 끝내되

15 다리오 왕 제육년 아달월 삼일에 성전 일을 끝내니라

16 이스라엘 자손과 제사장들과 레위 사람들과 기타 사로잡혔던 자의 자손이 즐거이 하나님의 성전 봉헌식을 행하니

17 하나님의 성전 봉헌식을 행할 때에 수소 백 마리와 숫양 이백 마리와 어린 양 사백 마리를 드리고 또 이스라엘 지파의 수를 따라 숫염소 열두 마리로 이스라엘 전체를 위하여 속죄제를 드리고

18 제사장을 그 분반대로, 레위 사람을 그 순차대로 세워 예루살렘에서 하나님을

섬기게 하되 모세의 책에 기록된 대로 하게 하니라
19 사로잡혔던 자의 자손이 첫째 달 십사일에 유월절을 지키되
20 제사장들과 레위 사람들이 일제히 몸을 정결하게 하여 다 정결하매 사로잡혔던 자들의 모든 자손과 자기 형제 제사장들과 자기를 위하여 유월절 양을 잡으니
21 사로잡혔다가 돌아온 이스라엘 자손과 자기 땅에 사는 이방 사람의 더러운 것으로부터 스스로를 구별한 모든 이스라엘 사람들에게 속하여 이스라엘의 하나님 여호와를 찾는 자들이 다 먹고
22 즐거움으로 이레 동안 무교절을 지켰으니 이는 여호와께서 그들을 즐겁게 하시고 또 앗수르 왕의 마음을 그들에게로 돌려 이스라엘의 하나님이신 하나님의 성전 건축하는 손을 힘 있게 하도록 하셨음이었더라

길을 걷다 보면 작업 중이던 공사가 멈춘 현장을 종종 봅니다. 처음에는 멋진 청사진을 보며 시작했는데 여러 가지 이유로 몇 년째 멈춰 있기도 합니다. 보기 흉하고 안쓰럽기도 합니다. 우리의 인생에도 그런 순간이 있습니다. 하나님이 주신 감동을 따라 시작했는데, 어느 순간 다양한 이유로 멈춰 버린 것입니다. 그럴 때는 다시 힘을 내어 시작해야 합니다. 하나님의 감동으로 시작된 일이라면 포기하지 말아야 합니다.

형통한 삶을 선택하라

유다 민족은 고국으로 돌아와 성전을 재건하기 시작했습니다. 하나님의 감동으로 시작된 일이었습니다. 본국으로 귀환하여 성전을 재건한다면 모든 것이 순탄하게 잘될 줄 알았습니다. 그런데 주변의 공격과

다양한 어려움을 만나면서 결국 공사는 중단되었습니다. 공사가 중단된 성전의 모습은 초라했습니다. 그런데 하나님은 성전 공사를 포기하지 않으셨습니다. 하나님의 사람들을 통해서 성전 공사를 독려하셨습니다. "유다 사람의 장로들이 선지자 학개와 잇도의 손자 스가랴의 권면을 따랐으므로 성전 건축하는 일이 형통한지라"(14a절). 유다 민족은 학개와 스가랴의 권면을 따라 다시 힘을 내었습니다. 힘들지만 다시 성전 공사를 시작했습니다. 이때 '형통'을 경험하게 됩니다. 형통이란 단순히 일이 잘되는 것이 아닙니다. 형통이란 '하나님과 함께하는 것'입니다. 요셉처럼 노예로 팔려도, 감옥에 갇혀도 하나님의 임재를 경험하고 있다면 형통한 것입니다. 성전 공사를 다시 시작할 이유보다 멈춰야 하는 합리적인 이유가 더 많았습니다. 하지만 유다 민족은 형통을 택합니다. 형통을 선택하는 가정이 되길 축복합니다.

하나님이 주신 즐거움을 누리라

유다 민족이 형통을 선택하자 여호와께서 그들을 즐겁게 하셨습니다. 그들은 즐거이 성전 봉헌식을 행했고(16절) 즐거움으로 이레 동안 무교절을 지켰습니다. 본문에 '즐거움'이란 단어가 계속 반복되고 있습니다. 이 즐거움은 세상이 주는 즐거움이 아니라 하나님이 주시는 즐거움입니다. 최고의 즐거움은 하나님의 일에 쓰임받은 이후에 주어지는 즐거움입니다. 이 즐거움에 비하면 세상이 주는 즐거움은 유치합니다. 하나님은 우리가 진정한 즐거움을 누리길 원하십니다. 그래서 말씀하시고, 인도하시고, 힘들더라도 무너진 곳을 재건하라고 격려하십니다. 그리고 최고의 즐거움은 예배 회복을 통한 즐거움입니다. 유다 민족은 성전을 완성하고, 성전 봉헌식을 드리고, 속죄제를 드리고, 스스로 몸을 정결하게 하여 유월절을 지킬 때 진정한 즐거움을 누리게 되었습니다. 이와 동일한 즐거움이 가득한 가정이 되길 바랍니다. 최고의 즐거움은 예배의 회복으로부터 주어집니다.

우리 가정의 성전을 늘 점검해야 합니다. 공사가 중단되었다면 다시 시작해야 하고, 보수할 것이 있다면 땀을 흘려야 합니다. 그때 하나님이 주시는 형통과 즐거움을 누리게 됩니다. 엄격하게 말해서 우리 삶에 하나님이 주시는 형통과 즐거움이 가득하다면 성공한 인생입니다.

📍 나눔

1. 내가 경험한 '형통'을 가족과 나눠 보세요.
2. 하나님이 주신 '즐거움'을 경험한 적이 있다면 가족과 나눠 보세요.

📍 기도

하나님, 우리 가정의 성전을 지켜 주소서. 어떤 어려움이 있더라도 성전이 무너지도록 방치하지 않게 하시고, 예배를 통한 즐거움을 회복시켜 주소서. 세상이 알지 못하는 형통과 즐거움이 가득한 가정이 되게 하소서. 사랑하는 예수님의 이름으로 기도합니다. 아멘.

📍 우리 가족 이번 주 미션

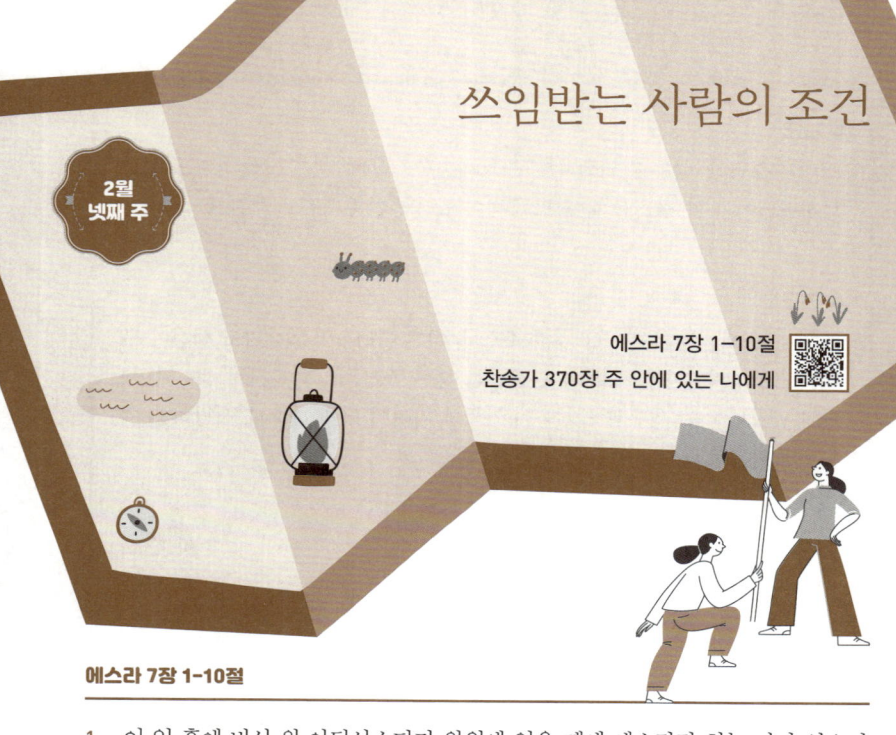

쓰임받는 사람의 조건

2월 넷째 주

에스라 7장 1-10절
찬송가 370장 주 안에 있는 나에게

에스라 7장 1-10절

1 이 일 후에 바사 왕 아닥사스다가 왕위에 있을 때에 에스라라 하는 자가 있으니라 그는 스라야의 아들이요 아사랴의 손자요 힐기야의 증손이요
2 살룸의 현손이요 사독의 오대 손이요 아히둡의 육대 손이요
3 아마랴의 칠대 손이요 아사랴의 팔대 손이요 므라욧의 구대 손이요
4 스라히야의 십대 손이요 웃시엘의 십일대 손이요 북기의 십이대 손이요
5 아비수아의 십삼대 손이요 비느하스의 십사대 손이요 엘르아살의 십오대 손이요 대제사장 아론의 십육대 손이라
6 이 에스라가 바벨론에서 올라왔으니 그는 이스라엘의 하나님 여호와께서 주신 모세의 율법에 익숙한 학자로서 그의 하나님 여호와의 도우심을 입음으로 왕에게 구하는 것은 다 받는 자이더니
7 아닥사스다 왕 제칠년에 이스라엘 자손과 제사장들과 레위 사람들과 노래하는 자들과 문지기들과 느디님 사람들 중에 몇 사람이 예루살렘으로 올라올 때에

8 이 에스라가 올라왔으니 왕의 제칠년 다섯째 달이라
9 첫째 달 초하루에 바벨론에서 길을 떠났고 하나님의 선한 손의 도우심을 입어 다섯째 달 초하루에 예루살렘에 이르니라
10 에스라가 여호와의 율법을 연구하여 준행하며 율례와 규례를 이스라엘에게 가르치기로 결심하였더라

───────────────

시대가 변할수록 쓰임받는 인재상도 달라집니다. 전쟁과 농사가 중요한 시대까지는 육체적 조건이 좋은 사람이 크게 쓰임을 받았습니다. 산업화 이후로는 지식이 많은 사람이 쓰임을 받았습니다. 사회가 점점 더 복잡해지고 대인관계가 중요한 시대에는 감성과 인성이 탁월한 사람을 선호하게 됩니다. 4차 산업화 시대가 한창인 현재는 창의 융합형 인재가 주목을 받습니다. 이처럼 시대의 변화에 따라 사회가 선택하는 사람의 기준은 달라집니다. 하지만 하나님께 쓰임받는 사람의 조건은 한 번도 변한 적이 없습니다. 하나님은 에스라와 같은 사람을 사용하십니다. 에스라는 어떤 사람이기에 쓰임받았을까요?

말씀에 익숙한 사람이 쓰임받는다

에스라 1장부터 6장은 눈에 보이는 성전을 재건하는 이야기입니다. 7장부터는 마음의 성전을 재건하는 이야기가 시작되고, 이 일을 주도할 사람으로 에스라가 소개됩니다. 본문 1-5절은 에스라의 가문을 소개하고, 6절에서는 에스라를 소개합니다. "이 에스라가 바벨론에서 올

라왔으니 그는 이스라엘의 하나님 여호와께서 주신 모세의 율법에 익숙한 학자로서 그의 하나님 여호와의 도우심을 입음으로 왕에게 구하는 것은 다 받는 자이더니"(6절). 에스라에 대한 첫 번째 소개는 모세의 율법에 '익숙한 학자'입니다. '익숙하다'라는 히브리어 원문의 뜻은 '능숙하다', '민첩하다'입니다. 즉, 에스라는 하나님의 말씀에 대한 이해력이 능숙하고, 민첩하게 행하는 사람이었습니다. 하나님께 쓰임받는 사람의 가장 큰 특징은 말씀에 익숙한 사람이라는 것입니다. 시대가 아무리 변해도 하나님의 선택 기준은 변하지 않습니다. 하나님은 하나님의 말씀을 존중하는 사람을 사용하십니다. 이를 알았던 시편 기자는 다음과 같이 고백합니다. "나는 전심으로 주의 법도들을 지키리이다"(시 119:69b). 이 고백이 우리 가정의 고백이 되길 바랍니다.

말씀에 인생을 거는 사람이 쓰임받는다

에스라가 예루살렘에 도착했을 때 이스라엘의 영적 상태는 손을 쓸 수 없을 만큼 망가져 있었습니다. 이방 민족과 통혼하여 가정을 이루고 있어서 어디서부터 어떻게 손을 써야 할지 곤란한 상황이었습니다. 더군다나 방백들과 고관들이 이런 일에 앞장서 있었습니다(스 9:1-2). 복잡하게 꼬여 버린 실타래를 풀기 위해 에스라는 다음과 같이 행동합니다. "에스라가 여호와의 율법을 연구하여 준행하며 율례와 규례를 이스라엘에게 가르치기로 결심하였었더라"(10절). 첫 번째로, '여호와의 율법을 연구'합니다. 하나님의 말씀이 기준이 되어야 하기 때문에 가장 먼저 하나님의 말씀을 연구합니다. 두 번째로, '준행'합니다. 에스라는 말씀을 다른 사람에게 적용하기 이전에 가장 먼저 자신에게 적용합니다. 이 순서가 중요합니다. 다른 사람을 가르치기 전에 자신이 먼저 그렇게 살아야 합니다. 세 번째로 '이스라엘에게 가르치기로 결심'합니다. 에스라는 이스라엘의 회복은 말씀에 대한 회복이라고 확신했습니다. 이스라엘이 타락한 이유가 말씀에 대한 지식이 없기 때문이라고 확신한 것입니다. "내 백성이 지식이 없으므로 망하는도다"(호 4:6a). 하나님은 말씀에 인생을 거는 사람을 사용하십니다. 하나님의 말씀에 인생을 걸기에 하나님이 그 사람을 보호해 주십니다.

하나님께서는 지금도 하나님의 뜻을 행할 사람을 찾고 계십니다. 하나님은 말씀에 익숙한 사람을 찾으십니다. 그 말씀에 인생을 거는 사람을 찾고 계십니다. 그 사람이 우리 가정이 되길 소망합니다.

📍 나눔

1. 내가 회사의 사장이라면 어떤 사람을 직원으로 뽑을 것 같은지 가족과 나눠 보세요.
2. 하나님의 말씀을 더 많이 알고 실천하기 위한 계획을 세워 보세요.

📍 기도

하나님, 우리 가정이 하나님 나라를 위해 쓰임받기를 원합니다. 어떤 조직, 회사, 공동체에서 쓰임받는 것보다 하나님 나라를 위해 쓰임받기를 기뻐하는 가정이 되게 하소서. 하나님의 말씀에 목숨을 거는 가정이 되게 하소서. 그 말씀을 전파하며 사는 가정이 되게 하소서. 말씀하시는 예수님의 이름으로 기도합니다. 아멘.

📍 우리 가족 이번 주 미션

숨겨진 두더지를 잡으라

3월 첫째 주

에스라 10장 1-17절
찬송가 254장 내 주의 보혈은

에스라 10장 1-17절

1 에스라가 하나님의 성전 앞에 엎드려 울며 기도하여 죄를 자복할 때에 많은 백성이 크게 통곡하매 이스라엘 중에서 백성의 남녀와 어린 아이의 큰 무리가 그 앞에 모인지라
2 엘람 자손 중 여히엘의 아들 스가냐가 에스라에게 이르되 우리가 우리 하나님께 범죄하여 이 땅 이방 여자를 맞이하여 아내로 삼았으나 이스라엘에게 아직도 소망이 있나니
3 곧 내 주의 교훈을 따르며 우리 하나님의 명령을 떨며 준행하는 자의 가르침을 따라 이 모든 아내와 그들의 소생을 다 내보내기로 우리 하나님과 언약을 세우고 율법대로 행할 것이라
4 이는 당신이 주장할 일이니 일어나소서 우리가 도우리니 힘써 행하소서 하니라
5 이에 에스라가 일어나 제사장들과 레위 사람들과 온 이스라엘에게 이 말대로 행하기를 맹세하게 하매 무리가 맹세하는지라

6 이에 에스라가 하나님의 성전 앞에서 일어나 엘리아십의 아들 여호하난의 방으로 들어가니라 그가 들어가서 사로잡혔던 자들의 죄를 근심하여 음식도 먹지 아니하며 물도 마시지 아니하더니
7 유다와 예루살렘에 사로잡혔던 자들의 자손들에게 공포하기를 너희는 예루살렘으로 모이라
8 누구든지 방백들과 장로들의 훈시를 따라 삼일 내에 오지 아니하면 그의 재산을 적몰하고 사로잡혔던 자의 모임에서 쫓아내리라 하매
9 유다와 베냐민 모든 사람들이 삼 일 내에 예루살렘에 모이니 때는 아홉째 달 이십일이라 무리가 하나님의 성전 앞 광장에 앉아서 이 일과 큰 비 때문에 떨고 있더니
10 제사장 에스라가 일어나 그들에게 이르되 너희가 범죄하여 이방 여자를 아내로 삼아 이스라엘의 죄를 더하게 하였으니
11 이제 너희 조상들의 하나님 앞에서 죄를 자복하고 그의 뜻대로 행하여 그 지방 사람들과 이방 여인을 끊어 버리라 하니
12 모든 회중이 큰 소리로 대답하여 이르되 당신의 말씀대로 우리가 마땅히 행할 것이니이다
13 그러나 백성이 많고 또 큰 비가 내리는 때니 능히 밖에 서지 못할 것이요 우리가 이 일로 크게 범죄하였은즉 하루 이틀에 할 일이 아니오니
14 이제 온 회중을 위하여 우리의 방백들을 세우고 우리 모든 성읍에 이방 여자에게 장가든 자는 다 기한에 각 고을의 장로들과 재판장과 함께 오게 하여 이 일로 인한 우리 하나님의 진노가 우리에게서 떠나게 하소서 하나
15 오직 아사헬의 아들 요나단과 디과의 아들 야스야가 일어나 그 일을 반대하고 므술람과 레위 사람 삽브대가 그들을 돕더라
16 사로잡혔던 자들의 자손이 그대로 한지라 제사장 에스라가 그 종족을 따라 각각 지명된 족장들 몇 사람을 선임하고 열째 달 초하루에 앉아 그 일을 조사하여
17 첫째 달 초하루에 이르러 이방 여인을 아내로 맞이한 자의 일 조사하기를 마치니라

'두더지 잡기' 게임을 한 번쯤은 해 봤을 것입니다. 숨어 있던 두더지들이 올라오면 망치로 내리쳐 두더지가 올라오지 못하게 막는 게임입니다. 게임기에 동전을 넣는 순간부터 두더지가 어디에서 올라올지 모르기에 정신을 바짝 차려야 합니다. 죄가 이와 같습니다. 죄는 숨겨져 있어 평상시에 잘 보이지 않습니다. 하지만 게임기에 동전을 집어넣듯이, 한번 자극되면 숨겨진 죄의 욕망이 언제 어디서 올라올지 모릅니다. 숨겨진 죄, 반복적인 죄, 중독된 죄의 문제를 해결하기 전까지 죄는 우리 삶에 잠복해 있습니다. 본문의 이스라엘에게 있어서 그것은 혼인 문제였습니다. 이스라엘이 선민으로서 신앙을 유지하는 가장 확실한 방법은 유대인과 혼인하는 것이었는데, 이스라엘은 계속해서 이방인과 혼인했습니다. 이 문제를 어떻게 해결할 수 있을까요?

엎드릴 때 소망이 있다

에스라는 이스라엘의 반복적인 죄 앞에 홀로 엎드려 기도합니다. "에스라가 하나님의 성전 앞에 엎드려 울며 기도하여 죄를 자복할 때에 많은 백성이 크게 통곡하매 이스라엘 중에서 백성의 남녀와 어린 아이의 큰 무리가 그 앞에 모인지라"(1절). 에스라는 '성전 앞에 엎드려 울며 기도하여 죄를 자복'하고 있습니다. '엎드려'는 '떨어지다', '드러눕다'의 의미를 지니고 있습니다. 그래서 공동번역에서는 '쓰러져'라고 번역했습니다. '울다'의 원어는 '바카'라는 단어로, 감정을 억제하지 못하고 통곡하며 몸부림치는 것을 말합니다. 회복은 바로 이렇게 시작됩니다. 에스라가 통곡하는 기도 소리는 이스라엘의 무뎌진 영혼을 깨우는 사이렌 소리와 같았습니다. 그 경고음은 먼저 스가냐의 잠든 영혼을 깨웠습니다. "엘람 자손 중 여히엘의 아들 스가냐가 에스라에게 이르되 우리가 우리 하나님께 범죄하여 이 땅 이방 여자를 맞이하여 아내로 삼았으나 이스라엘에게 아직도 소망이 있나니"(2절). 아직도 이스라엘에 소망이 있다고 합니다. 전심을 다해 기도하는 에스라가 있는 한 아직 소망이 있는 것입니다. 에스라의 기도는 잠든 영혼의 정신을 깨웠습니다. 엎드리면 아직 소망이 있습니다.

아프지만 죄를 도려내라

이스라엘 공동체가 하나님의 백성으로서의 정체성을 지키기 위해서는 이방 여인과 그의 소생을 다 내보내야 했습니다. 아프더라도 잘못된 부분은 해결해야 합니다. 에스라는 개혁 운동을 위해 예루살렘 총회를 소집합니다. 기도를 마친 이후에 에스라는 단호하게 개혁을 진행합니다. 그 개혁의 첫 번째는 3일 안에 예루살렘으로 오지 않을 경우 재산을 적몰한다고 합니다. 두 번째는 3일 안에 오지 않으면 사로잡혔던 자의 모임에서 쫓아낸다고 합니다. 이는 가장 무서운 징계로서 출회, 즉 언약 백성의 자격을 박탈한다는 것이었습니다. 에스라는 아프지만 죄의 근원을 도려내려고 합니다. 에스라는 이스라엘이 다 모인 자리에서 죄를 고발합니다. 이방 여인을 아내로 취한 사람의 수는 113명이었습니다(18-44절). 에스라는 고통스럽더라도 이방 여인을 끊어 버리라고 합니다. 가슴 아프지만 잘못된 것은 되돌려 놓아야 합니다. 결국 온 회중은 그렇게 하겠다고 다짐합니다(12절).

회개란 단지 죄의 고백이 아닙니다. 죄를 떠나는 실천적 행동입니다. 실천적 행동이 없다면 그것은 참된 회개가 아닙니다. 참된 회개는 자신이 범한 모든 죄의 원인과 그 결과를 되돌려 놓는 의지와 실천이 수반되어야 합니다. 즐겁고 유쾌한 회개는 없습니다. 아프지만 그래야 삽니다.

나눔
1. 어떻게 하면 죄를 짓지 않을까요? 이 주제로 가족과 대화를 나눠 보세요.
2. 우리 가정을 위한 회개 기도 제목을 정하고 기도하는 시간을 가져 보세요.

기도
하나님, 우리 가정에 숨은 두더지와 같이 감춰진 죄가 있다면 발견하여 제거할 수 있는 용기를 주소서. 회개할 때 아직 소망이 있는 줄 믿습니다. 죄와는 상관없는 순결한 가정이 되게 하소서. 순결하신 예수님의 이름으로 기도합니다. 아멘.

우리 가족 이번 주 미션

회복은 한 사람의 기도로부터 시작된다

3월 둘째 주

느헤미야 1장 1-11절
찬송가 539장 너 예수께 조용히 나가

느헤미야 1장 1-11절

1 하가랴의 아들 느헤미야의 말이라 아닥사스다 왕 제이십년 기슬르월에 내가 수산 궁에 있는데
2 내 형제들 가운데 하나인 하나니가 두어 사람과 함께 유다에서 내게 이르렀기로 내가 그 사로잡힘을 면하고 남아 있는 유다와 예루살렘 사람들의 형편을 물은즉
3 그들이 내게 이르되 사로잡힘을 면하고 남아 있는 자들이 그 지방 거기에서 큰 환난을 당하고 능욕을 받으며 예루살렘 성은 허물어지고 성문들은 불탔다 하는지라
4 내가 이 말을 듣고 앉아서 울고 수일 동안 슬퍼하며 하늘의 하나님 앞에 금식하며 기도하여
5 이르되 하늘의 하나님 여호와 크고 두려우신 하나님이여 주를 사랑하고 주의 계명을 지키는 자에게 언약을 지키시며 긍휼을 베푸시는 주여 간구하나이다
6 이제 종이 주의 종들인 이스라엘 자손을 위하여 주야로 기도하오며 우리 이스라

엘 자손이 주께 범죄한 죄들을 자복하오니 주는 귀를 기울이시며 눈을 여시사 종의 기도를 들으시옵소서 나와 내 아버지의 집이 범죄하여
7 주를 향하여 크게 악을 행하여 주께서 주의 종 모세에게 명령하신 계명과 율례와 규례를 지키지 아니하였나이다
8 옛적에 주께서 주의 종 모세에게 명령하여 이르시되 만일 너희가 범죄하면 내가 너희를 여러 나라 가운데에 흩을 것이요
9 만일 내게로 돌아와 내 계명을 지켜 행하면 너희 쫓긴 자가 하늘 끝에 있을지라도 내가 거기서부터 그들을 모아 내 이름을 두려고 택한 곳에 돌아오게 하리라 하신 말씀을 이제 청하건대 기억하옵소서
10 이들은 주께서 일찍이 큰 권능과 강한 손으로 구속하신 주의 종들이요 주의 백성이니이다
11 주여 구하오니 귀를 기울이사 종의 기도와 주의 이름을 경외하기를 기뻐하는 종들의 기도를 들으시고 오늘 종이 형통하여 이 사람 앞에서 은혜를 입게 하옵소서 하였나니 그 때에 내가 왕의 술 관원이 되었느니라

모든 회복은 한 사람의 기도로부터 시작됩니다. 스코틀랜드의 회복을 이끈 낙스는 기도에 대해서 다음과 같이 말합니다. "기도하는 한 사람이 기도하지 않는 나라보다 더 강하다." "무릎 위에 있는 한 나라가 무기 아래 있는 나라보다 훨씬 강하다." 느헤미야 역시 기도의 힘을 알고 있는 사람이었습니다. 느헤미야는 페르시아에 포로로 끌려왔지만 수산궁에서 일할 정도로 성공한 삶을 살고 있었습니다(1절). 그런 그가 하나니로부터 유대와 예루살렘의 형편을 듣게 됩니다(2절). 예루살렘 성은 허물어지고 사람들은 고통 속에 있다는 것입니다(3절). 느헤미야는 이 소식을 듣자마자 이스라엘의 회복을 위한 일을 시작합니다.

공동체의 죄를 자신의 죄와 동일시하라

　기도의 사람의 첫 번째 특징은 공동체의 죄를 자신의 죄와 동일시한다는 것입니다. 엄격하게 말해서 이스라엘의 형편은 느헤미야 때문에 벌어진 상황이 아닙니다. 느헤미야는 비록 페르시아에 있었지만 신앙인으로 살았습니다. 이와 반대로 이스라엘은 하나님의 은혜로 1, 2차 포로 귀환까지 이루어진 상황이었지만 여전히 율법을 어기며 살았습니다. 그런데도 느헤미야는 공동체의 죄를 자신의 죄처럼 끌어안고 간절하게 기도합니다. "내가 이 말을 듣고 앉아서 울고 수일 동안 슬퍼하며 하늘의 하나님 앞에 금식하며 기도하여"(4절). 한 번 슬퍼할 수는 있습니다. 하지만 수일 동안 금식하며 기도하기는 쉽지 않습니다. "나와 내 아버지의 집이 범죄하여 주를 향하여 크게 악을 행하여 주께서 주의 종 모세에게 명령하신 계명과 율례와 규례를 지키지 아니하였나이다"(6b-7절). 다른 사람의 잘못, 공동체의 모순, 국가의 부조리에 대해서 쉽게 평가하고 비평할 수 있습니다. 하지만 성도라면 공동체의 문제를 판단만 하는 것이 아니라 느헤미야처럼 자신의 문제로 여기며 기도해야 합니다.

하나님의 성품에 기대어 기도하라

　느헤미야는 고위 정치인입니다. 정치인답게 현 상황을 해결하기 위해서 얼마든지 정치적 활동을 할 수 있습니다. 하지만 느헤미야는 무릎으로 승부합니다. 무슨 말일까요? 느헤미야는 이 문제를 해결할 분은 페르시아 왕이 아니라 하나님임을 확신하고 있는 것입니다. "이르되 하늘의 하나님 여호와 크고 두려우신 하나님이여 주를 사랑하고 주의 계명을 지키는 자에게 언약을 지키시며 긍휼을 베푸시는 주여 간구하나이다"(5절). 느헤미야는 문제보다 하나님이 더 크신 분이라는 확신이 있었습니다. 누가 하나님 앞에 나아가 확신을 가지고 기도할까요? 하나님이 문제를 해결할 수 있는 분이라고 믿는 사람입니다. 더군다나 하나님은 우리를 긍휼히 여기시는 분입니다. "긍휼을 베푸시는 주여 간구하나이다"(5b절). 하나님은 우리를 마음 깊이 긍휼히 여기십니다. 하나님은 우리의 문제를 해결할 능력이 있으실 뿐만 아니라 우리를 긍휼히 여기시는 분입니다. 그러므로 우리가 하나님께 진심으로 간구한다면 반드시 해결해 주십니다.

회복은 하나님을 향한 기도로부터 시작됩니다. 하나님은 문제보다 크신 분이며, 우리를 긍휼히 여기시므로 문제를 해결해 주길 기뻐하십니다. 공동체의 문제를 내 문제로 끌어안고 긍휼이 많으신 하나님께 기도하는 가정이 되길 축복합니다.

📍 나눔
1. 내가 속한 공동체를 위한 기도 제목을 가족과 나눠 보세요.
2. 그 기도 제목을 가지고 일주일간 특별히 기도하는 시간을 가져 보세요.

📍 기도
문제보다 크시며 긍휼이 한이 없으신 하나님, 우리를 회복시켜 주소서. 하나님을 부정하고, 하나님을 대적하는 이 시대를 용서하여 주소서. 우리를 긍휼히 여기사 다시금 우리가 속한 공동체가 회복되게 하소서. 응답하시는 예수님의 이름으로 기도합니다. 아멘.

📍 우리 가족 이번 주 미션

물러섬 없이 성벽을 재건하라

3월 셋째 주

느헤미야 4장 7-23절
찬송가 406장 곤한 내 영혼 편히 쉴 곳과

느헤미야 4장 7-23절

7 산발랏과 도비야와 아라비아 사람들과 암몬 사람들과 아스돗 사람들이 예루살렘 성이 중수되어 그 허물어진 틈이 메꾸어져 간다 함을 듣고 심히 분노하여

8 다 함께 꾀하기를 예루살렘으로 가서 치고 그 곳을 요란하게 하자 하기로

9 우리가 우리 하나님께 기도하며 그들로 말미암아 파수꾼을 두어 주야로 방비하는데

10 유다 사람들은 이르기를 흙 무더기가 아직도 많거늘 짐을 나르는 자의 힘이 다 빠졌으니 우리가 성을 건축하지 못하리라 하고

11 우리의 원수들은 이르기를 그들이 알지 못하고 보지 못하는 사이에 우리가 그들 가운데 달려 들어가서 살륙하여 역사를 그치게 하리라 하고

12 그 원수들의 근처에 거주하는 유다 사람들도 그 각처에서 와서 열 번이나 우리에게 말하기를 너희가 우리에게로 와야 하리라 하기로

13 내가 성벽 뒤의 낮고 넓은 곳에 백성이 그들의 종족을 따라 칼과 창과 활을 가지

고 서 있게 하고

14 내가 돌아본 후에 일어나서 귀족들과 민장들과 남은 백성에게 말하기를 너희는 그들을 두려워하지 말고 지극히 크시고 두려우신 주를 기억하고 너희 형제와 자녀와 아내와 집을 위하여 싸우라 하였느니라
15 우리의 대적이 우리가 그들의 의도를 눈치챘다 함을 들으니라 하나님이 그들의 꾀를 폐하셨으므로 우리가 다 성에 돌아와서 각각 일하였는데
16 그 때로부터 내 수하 사람들의 절반은 일하고 절반은 갑옷을 입고 창과 방패와 활을 가졌고 민장은 유다 온 족속의 뒤에 있었으며
17 성을 건축하는 자와 짐을 나르는 자는 다 각각 한 손으로 일을 하며 한 손에는 병기를 잡았는데
18 건축하는 자는 각각 허리에 칼을 차고 건축하며 나팔 부는 자는 내 곁에 섰었느니라
19 내가 귀족들과 민장들과 남은 백성에게 이르기를 이 공사는 크고 넓으므로 우리가 성에서 떨어져 거리가 먼즉
20 너희는 어디서든지 나팔 소리를 듣거든 그리로 모여서 우리에게로 나아오라 우리 하나님이 우리를 위하여 싸우시리라 하였느니라
21 우리가 이같이 공사하는데 무리의 절반은 동틀 때부터 별이 나기까지 창을 잡았으며
22 그 때에 내가 또 백성에게 말하기를 사람마다 그 종자와 함께 예루살렘 안에서 잘지니 밤에는 우리를 위하여 파수하겠고 낮에는 일하리라 하고
23 나나 내 형제들이나 종자들이나 나를 따라 파수하는 사람들이나 우리가 다 우리의 옷을 벗지 아니하였으며 물을 길으러 갈 때에도 각각 병기를 잡았느니라

미국 워싱턴 D.C.의 링컨기념관 옆에는 한국 전쟁에 참전한 미군의 명예를 기리는 한국전참전용사기념비(Korean War Veterans Memorial)

가 조성되어 있습니다. 비장한 모습으로 행군하는 미군들의 모습과 함께 한쪽 벽면에 다음의 글이 조각되어 있습니다. "자유는 공짜가 아니다"(Freedom is not free). 그렇습니다. 자유는 공짜가 아니며, 회복 역시 저절로 이루어지지 않습니다. 평화를 얻기 위해서는 긴장과 불안을 이겨 내야 합니다. 성벽을 재건하는 일 역시 마찬가지입니다.

적들은 공격에 헌신한다

느헤미야가 예루살렘 성벽을 재건한다고 했을 때 모든 사람이 환영한 것은 아니었습니다. 산발랏과 도비야는 원하지 않는 일이었습니다. 이들은 성벽 재건을 방해하는 일에 헌신한 자들입니다. 적들은 방해하기 위해서 또 다른 적들을 불러들입니다. 아라비아, 암몬, 아스돗 사람들과 합세하여 공격하려고 합니다. 적들은 성벽 재건을 막기 위한 계략을 세우고, 자신들의 목적을 이루기까지 포기하는 법을 모릅니다. "그 원수들의 근처에 거주하는 유다 사람들도 그 각처에서 와서 열 번이나 우리에게 말하기를 너희가 우리에게로 와야 하리라 하기로"(12절). 적들을 통해서도 배울 점이 있으니, 바로 그들의 포기하지 않는 열정입니다. 그들의 삶의 방향은 잘못되었으나 열정은 뜨겁습니다. 반면 성도는 삶의 방향이 바로 되었는데도 열정이 미지근할 때가 있습니다. 적들은 공격에 헌신하고 있습니다. 우리 역시 거룩한 일에 헌신해야 합니다.

🏔 하나님을 믿어 담대히 싸우라

느헤미야는 탁월한 리더였습니다. 그의 조치는 하나님을 향한 믿음과 사람이 해야 할 행함 사이의 완벽한 균형을 보여 줍니다. "그 때로부터 내 수하 사람들의 절반은 일하고 절반은 갑옷을 입고 창과 방패와 활을 가졌고 민장은 유다 온 족속의 뒤에 있었으며"(16절). 성을 건축하면서 한 손에는 일하는 도구를, 한 손에는 적과 싸울 병기를 들게 합니다. 적을 향한 경계를 늦추지 않을 뿐만 아니라 사명을 늦추지도 않습니다. 또한 나팔수를 옆에 두어 혹시 모를 공격에 빠르게 대처할 수 있도록 합니다. 두려워하는 백성을 향한 격려 역시 빼놓지 않습니다. "내가 돌아본 후에 일어나서 귀족들과 민장들과 남은 백성에게 말하기를 너희는 그들을 두려워하지 말고 지극히 크시고 두려우신 주를 기억하고 너희 형제와 자녀와 아내와 집을 위하여 싸우라 하였느니라"(14절). 하나님은 지극히 크고 두려우신 분입니다. 그분이 우리 편이시니 적들을 두려워하거나 물러설 필요가 없습니다. "너희는 어디서든지 나팔 소리를 듣거든 그리로 모여서 우리에게로 나아오라 우리 하나님이 우리를 위하여 싸우시리라 하였느니라"(20절).

세상과 사탄은 하나님의 일을 감당하는 우리의 길을 방해할 것입니다. 하지만 두려워하지 마시기 바랍니다. 지극히 크고 두려우신 하나님이 우리와 함께하십니다. 후퇴 없이, 물러섬 없이 사명의 길을 걷는 가정이 되길 축복합니다.

📍 나눔

1. 힘들었지만 열정을 다해서 성취한 일이 있나요? 그 내용을 가족과 나눠 보세요.
2. 내가 지금 싸우고 있는 영적 전쟁에 대해 가족과 나눠 보세요.

📍 기도

하나님, 우리 가정의 대장이 되어 주셔서 감사합니다. 영적 전쟁을 치르는 동안에 지극히 크시고 위대하신 하나님과 함께 승리하는 가정이 되게 하소서. 방심하지 않고 영적 고삐를 바짝 당기고 하나님이 맡기신 전쟁에서 승리하게 하소서. 승리를 주시는 예수님의 이름으로 기도합니다. 아멘.

📍 우리 가족 이번 주 미션

회복의 과정

3월 넷째 주

느헤미야 8장 1-12절
찬송가 206장 주님의 귀한 말씀은

느헤미야 8장 1-12절

1 이스라엘 자손이 자기들의 성읍에 거주하였더니 일곱째 달에 이르러 모든 백성이 일제히 수문 앞 광장에 모여 학사 에스라에게 여호와께서 이스라엘에게 명령하신 모세의 율법책을 가져오기를 청하매

2 일곱째 달 초하루에 제사장 에스라가 율법책을 가지고 회중 앞 곧 남자나 여자나 알아들을 만한 모든 사람 앞에 이르러

3 수문 앞 광장에서 새벽부터 정오까지 남자나 여자나 알아들을 만한 모든 사람 앞에서 읽으매 뭇 백성이 그 율법책에 귀를 기울였는데

4 그 때에 학사 에스라가 특별히 지은 나무 강단에 서고 그의 곁 오른쪽에 선 자는 맛디댜와 스마와 아나야와 우리야와 힐기야와 마아세야요 그의 왼쪽에 선 자는 브다야와 미사엘과 말기야와 하숨과 하스밧다나와 스가랴와 므술람이라

5 에스라가 모든 백성 위에 서서 그들 목전에 책을 펴니 책을 펼 때에 모든 백성이 일어서니라

6 에스라가 위대하신 하나님 여호와를 송축하매 모든 백성이 손을 들고 아멘 아멘 하고 응답하고 몸을 굽혀 얼굴을 땅에 대고 여호와께 경배하니라
7 예수아와 바니와 세레뱌와 야민과 악굽과 사브대와 호디야와 마아세야와 그리다와 아사랴와 요사밧과 하난과 블라야와 레위 사람들은 백성이 제자리에 서 있는 동안 그들에게 율법을 깨닫게 하였는데
8 하나님의 율법책을 낭독하고 그 뜻을 해석하여 백성에게 그 낭독하는 것을 다 깨닫게 하니
9 백성이 율법의 말씀을 듣고 다 우는지라 총독 느헤미야와 제사장 겸 학사 에스라와 백성을 가르치는 레위 사람들이 모든 백성에게 이르기를 오늘은 너희 하나님 여호와의 성일이니 슬퍼하지 말며 울지 말라 하고
10 느헤미야가 또 그들에게 이르기를 너희는 가서 살진 것을 먹고 단 것을 마시되 준비하지 못한 자에게는 나누어 주라 이 날은 우리 주의 성일이니 근심하지 말라 여호와로 인하여 기뻐하는 것이 너희의 힘이니라 하고
11 레위 사람들도 모든 백성을 정숙하게 하여 이르기를 오늘은 성일이니 마땅히 조용하고 근심하지 말라 하니
12 모든 백성이 곧 가서 먹고 마시며 나누어 주고 크게 즐거워하니 이는 그들이 그 읽어 들려 준 말을 밝히 앎이라

하나님의 은혜로 성벽이 완공되었습니다. 하지만 성벽 완공은 그 자체가 목적이 아닙니다. 내면의 성벽을 든든히 세워야 합니다. 무너진 내면을 회복해야 합니다. 이스라엘 자손이 7월에 수문 앞 광장에 몰려들었습니다. "이스라엘 자손이 자기들의 성읍에 거주하였더니 일곱째 달에 이르러 모든 백성이 일제히 수문 앞 광장에 모여"(1a절). 이 날은 유대 종교력으로 7월 1일, 민간력으로는 1월 1일로, 나팔절이라고 불리는 신년입니다. 성벽은 종교력으로 B.C. 444년 6월 25일에 재건되었

습니다. 즉, 이스라엘은 성벽을 재건한 이후에 나팔절을 준수하기 위해 모인 것입니다. 그런데 이때 놀라운 회복의 일이 일어납니다. 회복은 다음과 같은 과정으로 일어납니다.

예기치 않은 때에 자발적으로 일어난다

이스라엘 백성이 '일제히' 수문 앞 광장에 모였습니다. '일제히'라는 말은 원어로 '케이쉬 에하드'입니다. 그 뜻은 '한 사람같이'입니다. 이스라엘의 모든 사람이 한 사람같이, 즉 한마음으로 하나님의 절기를 지키기 위해 모였습니다. 절기는 단순한 행사가 아니라 민족의 정신을 되새기는 자리입니다. 일제히 모인 백성은 에스라에게 '모세의 율법책'을 가져오기를 청했습니다(1절). 온 백성이 한마음으로 말씀으로 돌아가기를 원했던 것입니다. 누가 의도한 것이 아니었습니다. 예기치 않게 자발적으로 일어난 일입니다. 회복은 인위적인 행사와 프로그램으로 이루어지지 않습니다. 회복은 이렇게 일어납니다.

말씀으로 자신을 비추다

학사인 에스라가 율법을 낭독합니다. "수문 앞 광장에서 새벽부터 정오까지 남자나 여자나 알아들을 만한 모든 사람 앞에서 읽으매 뭇 백성이 그 율법책에 귀를 기울였는데"(3절). 새벽부터 정오까지 말씀에 몰입했습니다. 에스라가 말씀을 낭독할 때 "모든 백성이 손을 들고 아멘 아멘 하고 응답하고 몸을 굽혀 얼굴을 땅에 대로 여호와께 경배"(6b절) 했습니다. 회복의 기준은 말씀입니다. 말씀을 인생의 기준으로 삼아 말씀에서 벗어난 부분을 돌이키는 것이 회복입니다.

깊은 통곡과 회개에 이르다

이스라엘 백성은 하나님의 말씀을 듣고 그 뜻을 이해하자, 가만히 있을 수가 없었습니다. "백성이 율법의 말씀을 듣고 다 우는지라"(9a절) '울다'의 히브리 원어는 '보킴'인데, 이는 분사형으로 잠시 운 것이 아니라 끊임없이 흐느끼며 통곡한 것을 의미합니다. 에스라가 오늘은 여호와의 성일이니 슬퍼하지 말며 울지 말라고 말릴 정도로 깊은 통곡이 있었습니다. 냉랭한 가슴으로는 회복을 경험할 수 없습니다. 프랭크 바틀맨은 "부흥의 높이는 회개의 깊이로 결정된다"라고 했습니다.

성벽 재건보다 중요한 것은 마음의 성벽을 재건하는 일이었습니다. 이스라엘은 하나님의 은혜로 성벽을 재건하자, 스스로 하나님께로 돌아가게 됩니다. 자발적으로 모이고, 말씀으로 삶을 돌아보고, 엇나간 삶에 대해서 통곡합니다. 우리 가정에도 이와 같은 회복이 일어나야 합니다.

📍 나눔
1. 예기치 않은 상황에서 영혼의 회복과 부흥을 경험한 적이 있다면 가족과 나눠 보세요.
2. 회복을 위해 기도할 때 하나님이 역사하십니다. 우리 가정의 회복을 위해 함께 기도하는 시간을 가져 보세요.

📍 기도
하나님, 우리 가정이 다른 어떤 열심보다 영혼의 회복과 부흥을 위해 몸부림치는 가정이 되길 원합니다. 조율되지 않는 영혼, 차가운 영혼으로 살지 않게 하소서. 회복의 근원이 되시는 예수님의 이름으로 기도합니다. 아멘.

📍 우리 가족 이번 주 미션

인봉에 동참하라

3월 다섯째 주

느헤미야 9장 23–38절
찬송가 381장 나 캄캄한 밤 죄의 길에

느헤미야 9장 23–38절

23 주께서 그들의 자손을 하늘의 별같이 많게 하시고 전에 그들의 열조에게 들어가서 차지하라고 말씀하신 땅으로 인도하여 이르게 하셨으므로

24 그 자손이 들어가서 땅을 차지하되 주께서 그 땅 가나안 주민들이 그들 앞에 복종하게 하실 때에 가나안 사람들과 그들의 왕들과 본토 여러 족속들을 그들의 손에 넘겨 임의로 행하게 하시매

25 그들이 견고한 성읍들과 기름진 땅을 점령하고 모든 아름다운 물건이 가득한 집과 판 우물과 포도원과 감람원과 허다한 과목을 차지하여 배불리 먹어 살찌고 주의 큰 복을 즐겼사오나

26 그들은 순종하지 아니하고 주를 거역하며 주의 율법을 등지고 주께로 돌아오기를 권면하는 선지자들을 죽여 주를 심히 모독하였나이다

27 그러므로 주께서 그들을 대적의 손에 넘기사 그들이 곤고를 당하게 하시매 그들이 환난을 당하여 주께 부르짖을 때에 주께서 하늘에서 들으시고 주의 크신 긍

휼로 그들에게 구원자들을 주어 그들을 대적의 손에서 구원하셨거늘

28 그들이 평강을 얻은 후에 다시 주 앞에서 악을 행하므로 주께서 그들을 원수들의 손에 버려 두사 원수들에게 지배를 당하게 하시다가 그들이 돌이켜 주께 부르짖으매 주께서 하늘에서 들으시고 여러 번 주의 긍휼로 건져내시고

29 다시 주의 율법을 복종하게 하시려고 그들에게 경계하셨으나 그들이 교만하여 사람이 준행하면 그 가운데에서 삶을 얻는 주의 계명을 듣지 아니하며 주의 규례를 범하여 고집하는 어깨를 내밀며 목을 굳게 하여 듣지 아니하였나이다

30 그러나 주께서 그들을 여러 해 동안 참으시고 또 주의 선지자들을 통하여 주의 영으로 그들을 경계하시되 그들이 듣지 아니하므로 열방 사람들의 손에 넘기시고도

31 주의 크신 긍휼로 그들을 아주 멸하지 아니하시며 버리지도 아니하셨사오니 주는 은혜로우시고 불쌍히 여기시는 하나님이심이니이다

32 우리 하나님이여 광대하시고 능하시고 두려우시며 언약과 인자하심을 지키시는 하나님이여 우리와 우리 왕들과 방백들과 제사장들과 선지자들과 조상들과 주의 모든 백성이 앗수르 왕들의 때로부터 오늘까지 당한 모든 환난을 이제 작게 여기지 마옵소서

33 그러나 우리가 당한 모든 일에 주는 공의로우시니 우리는 악을 행하였사오나 주께서는 진실하게 행하셨음이니이다

34 우리 왕들과 방백들과 제사장들과 조상들이 주의 율법을 지키지 아니하며 주의 명령과 주께서 그들에게 경계하신 말씀을 순종하지 아니하고

35 그들이 그 나라와 주께서 그들에게 베푸신 큰 복과 자기 앞에 주신 넓고 기름진 땅을 누리면서도 주를 섬기지 아니하며 악행을 그치지 아니하였으므로

36 우리가 오늘날 종이 되었는데 곧 주께서 우리 조상들에게 주사 그것의 열매를 먹고 그것의 아름다운 소산을 누리게 하신 땅에서 우리가 종이 되었나이다

37 우리의 죄로 말미암아 주께서 우리 위에 세우신 이방 왕들이 이 땅의 많은 소산을 얻고 그들이 우리의 몸과 가축을 임의로 관할하오니 우리의 곤란이 심하오며

38 우리가 이 모든 일로 말미암아 이제 견고한 언약을 세워 기록하고 우리의 방백

들과 레위 사람들과 제사장들이 다 인봉하나이다 하였느니라

한번 시작된 이스라엘의 회개 운동의 불씨가 점점 더 확산되고 있습니다. 레위 지파를 중심으로 이스라엘의 죄악을 낱낱이 기록합니다. 출애굽 이후로부터 광야 생활 40년, 그리고 식민지 포로 생활까지 이스라엘은 눈물로 반성문을 쓰며 언약을 새롭게 갱신하고 있습니다. 본문에서 문서를 작성하는 이스라엘은 하나님과 직접적으로 언약을 맺은 사람들이 아닙니다. 그들의 조상들이 하나님과 언약을 맺었습니다. 이제 이스라엘은 조상이 아닌 현재의 자신들이 하나님과의 언약을 새롭게 합니다.

'우리 하나님'과 언약을 맺어야 한다

이스라엘은 언약을 맺는 하나님이 누구신지 고백합니다. "우리 하나님이여 광대하시고 능하시고 두려우시며 언약과 인자하심을 지키시는 하나님이여"(32a절). '우리 하나님'이란 표현은 독점적 사랑의 표현입니다. 이는 이스라엘 백성만이 사용하는 하나님에 대한 강한 친밀감의 표현입니다. 이스라엘과 하나님과의 관계를 이보다 더 명확하게 표현할 문장은 없습니다. 하나님은 '우리 하나님'입니다. 광대하시고 능하시고 두려우신 하나님이, 우리 하나님입니다. 우리 하나님이 언약에 기초하여 이스라엘을 가나안 땅으로 인도하시고, 그 땅을 점령하게 하시고, 큰 복을 누리게 하셨습니다. 하나님은 한결같이 신실하게 이스라엘을

대하셨습니다. 반면, 이스라엘은 반복적으로 악을 행하여 스스로 멸망했습니다. 이제 이스라엘은 다시금 우리 하나님과 언약을 체결하려 합니다. 신앙은 현재여야 합니다. 과거의 신앙에 머물러 있으면 안 됩니다. 신앙은 미래에 막연하게 경험하는 것도 아닙니다. 현재에 살아 계신, 나의 하나님과 관계를 맺고 살아가는 것이 신앙입니다.

철저한 자기반성과 의지적 결단이 있어야 한다

언약을 새롭게 할 때는 철저한 자기반성과 의지적 결단이 있어야 합니다. 이스라엘은 자기반성의 첫 번째로, 누가 죄를 범했는지를 기록합니다. "우리 왕들과 방백들과 제사장들과 조상들이 주의 율법을 지키지 아니하며"(34a절). 공동체 속에 개인이 숨는 것이 아니라 '우리가' 죄를 지었다며 구체적인 명단을 기록합니다. 두 번째로, 구체적인 죄의 모습을 기록합니다. "우리가 오늘날 종이 되었는데 곧 주께서 우리 조상들에게 주사 그것의 열매를 먹고 그것의 아름다운 소산을 누리게 하신 땅에서 우리가 종이 되었나이다"(36절). 이스라엘은 하나님의 율법을 어겨 결국 가나안의 종이 되었습니다. 그러한 자신들의 참담한 모습을 고백한 것입니다. 세 번째로, 새로운 결단을 다짐합니다. "우리가 이 모든 일로 말미암아 이제 견고한 언약을 세워 기록하고 우리의 방백들과 레위 사람들과 제사장들이 다 인봉하나이다 하였느니라"(38절). 이스라엘은 새롭게 언약을 기록하고 다짐하여 인봉합니다. 인봉이란 '서명 날인' 같은 행위입니다. 엄숙한 맹세의 표현입니다. 회개는 철저한 자기반성과 고백, 그리고 의지적 결단이 있어야 합니다.

  C. S. 루이스는 "타락한 시대에는 죄 문제를 해결하려는 진지한 몸부림이 사라진다"라고 했습니다. 지금 이 시대에 언약의 갱신을 통한 인봉 의식이 필요합니다. '우리 하나님'과 친밀하고 깊은 언약 관계를 누리는 가정이 되길 축복합니다.

📍 나눔

1. 하나님을 '남의 하나님'이 아니라 '나의 하나님'으로 느끼고 있나요? 일상에서 언제 가장 그런 생각이 드는지 가족과 나눠 보세요.
2. 이스라엘이 새롭게 언약을 맺고 인봉 작업을 했듯이, 하나님을 향한 나의 다짐을 기록하고 서명하는 시간을 가져 보세요.

📍 기도

하나님이 '나의 하나님'이셔서 감사합니다. 언약에 신실하신 하나님, 우리 가정 역시 하나님과의 언약에 성실한 마음을 주소서. 죄 문제를 해결하기 위한 몸부림이 있는 가정이 되게 하소서. 새롭게 하시는 예수님의 이름으로 기도합니다. 아멘.

📍 우리 가족 이번 주 미션

네가 누구냐?

4월 첫째 주

요한복음 1장 19-28절
찬송가 516장 옳은 길 따르라 의의 길을

요한복음 1장 19-28절

19 유대인들이 예루살렘에서 제사장들과 레위인들을 요한에게 보내어 네가 누구냐 물을 때에 요한의 증언이 이러하니라
20 요한이 드러내어 말하고 숨기지 아니하니 드러내어 하는 말이 나는 그리스도가 아니라 한대
21 또 묻되 그러면 누구냐 네가 엘리야냐 이르되 나는 아니라 또 묻되 네가 그 선지자냐 대답하되 아니라
22 또 말하되 누구냐 우리를 보낸 이들에게 대답하게 하라 너는 네게 대하여 무엇이라 하느냐
23 이르되 나는 선지자 이사야의 말과 같이 주의 길을 곧게 하라고 광야에서 외치는 자의 소리로라 하니라
24 그들은 바리새인들이 보낸 자라
25 또 물어 이르되 네가 만일 그리스도도 아니요 엘리야도 아니요 그 선지자도 아

닐진대 어찌하여 세례를 베푸느냐

26 요한이 대답하되 나는 물로 세례를 베풀거니와 너희 가운데 너희가 알지 못하는 한 사람이 섰으니

27 곧 내 뒤에 오시는 그이라 나는 그의 신발끈을 풀기도 감당하지 못하겠노라 하더라

28 이 일은 요한이 세례 베풀던 곳 요단 강 건너편 베다니에서 일어난 일이니라

애슐리 박은 『내 아이의 가능성을 믿어라』에서 자녀 교육에 있어서 중요한 부분을 언급합니다. 부모들이 자녀 교육에 대한 고민을 할 때 대부분 무엇을(What), 어떻게(How) 교육해야 할지 몰라 고민한다는 것입니다. 하지만 가장 중요한 질문은 '자녀가 누구(Who)인가?'라고 합니다. 그렇습니다. 누구(Who)인가에 따라 무엇을(What), 어떻게(How) 할지가 결정됩니다. '내가 누구인가?'라는 자의식은 교육뿐만 아니라 인생 전체에서 가장 중요한 질문입니다. "네가 누구냐?"라는 질문을 가장 많이 들었던 인물 중 한 명인 세례 요한의 답변을 통해 '나는 누구인가?'에 대한 답을 얻기를 바랍니다.

나는 주의 길을 곧게 하라고 광야에서 외치는 소리다

유대 종교 지도자들은 세례 요한이 누구인지 궁금했습니다. 그들은 세례 요한이 하는 일을 보며 어쩌면 그가 메시아일지도 모른다고 생각했습니다. 그들은 궁금함을 참지 못하고 세례 요한에게 "네가 누구냐?"라고 물었습니다(19절). 세례 요한은 단호하고 분명하게 말합니다. "나

는 그리스도가 아니라"(20절). 사람들은 계속해서 묻습니다. "누구냐, 네가 엘리야냐?" "네가 그 선지자냐?" 사람들은 타인에게 참 관심이 많습니다. 세례 요한은 간결하지만 무게감 있는 소리로 말합니다. "나는 선지자 이사야의 말과 같이 주의 길을 곧게 하라고 광야에서 외치는 자의 소리로라"(23절). 세례 요한은 한번 말하면 공기 중에 사라지는 '소리'로 자신을 표현합니다. 자신을 위대한 사람으로 보고 "네가 누구냐?"라고 질문하는 사람들에게 "나는 단지 소리다"라고 말합니다. 세례 요한은 그리스도를 전하는 소리로 만족하는 인생을 살았습니다. 우리는 모두 그리스도를 전하는 소리입니다. 오늘 우리가 있을 공간에서 만나는 사람들에게 그리스도를 전하는 소리가 되어야 합니다. 듣는 사람이 하나도 없는 광야 같은 곳일지라도 그리스도를 전하는 소리로 살아가길 축복합니다.

나는 예수님의 신발 끈 풀기도 감당하지 못한다

당시 이스라엘 사람들은 세례 요한을 그리스도로 생각할 만큼 추앙했습니다. 세례 요한의 인기와 영향력은 제사장도 위협을 느낄 정도였습니다. 그런데 세례 요한은 자신이 예수님의 신발 끈을 풀기도 감당하지 못한다고 말합니다(27절). 신발의 끈을 풀거나 신발을 가져다주는 일은 주로 노예들이 하던 일입니다. 즉, 노예들이 하던 일도 할 수 없는 더 낮은 사람이라는 뜻입니다. 세례 요한은 백성이 추앙하던 헤롯도 함부로 대하지 못하는 사람이었지만, 자신이 예수님의 신발 끈을 푸는 일도 하지 못할 낮은 사람이라고 고백합니다. 세례 요한은 누구보다 예수님과 자신에 대해서 잘 알고 있었습니다. 사람들은 세례 요한이 대단한 사람인 양 착각하지만, 누구나 예수님을 알게 되면 자신이 얼마나 무능한 존재인지 깨닫게 됩니다. 예수님은 세례 요한을 가리켜 "여자가 낳은 자 중에 세례 요한보다 큰 이가 일어남이 없도다"(마11:11)라고 말씀하셨습니다. 이렇게 평가받는 세례 요한이 예수님 앞에 납작 엎드렸다면 우리는 얼마나 더 납작 엎드려야 할까요? 겸손은 예수님을 따르는 사람들의 최고의 덕목입니다.

"네가 누구냐?"라고 묻는다면 어떻게 대답하실 건가요? 세례 요한의 고백이 우리 가정의 고백이 되길 소원합니다. 내가 누구(Who)인지 알면 내가 무엇을(What), 어떻게(How) 하며 살아야 할지도 알게 됩니다. 예수님의 길을 곧게 하는 소리로, 예수님을 위해 신발 끈이라도 돕는 제자로 살아가는 가정이 되길 축복합니다.

📍 나눔

1. 그리스도를 전하는 소리로서 이번 주에 누구에게 그리스도를 전할지 가족과 나눠 보세요.
2. 그리스도의 신발 끈을 푸는 마음으로 이번 주에 어떤 사역을 할지 가족과 나눠 보세요.

📍 기도

하나님, 하나님이 함께하지 않으시면 우리 가정은 아무것도 아닙니다. 우리 가정의 말과 행동이 오직 그리스도를 향하게 하소서. 우리 가정이 세상에서 그리스도를 가리키는 표지판으로 살아가게 하소서. 모든 것 되시는 예수님의 이름으로 기도합니다. 아멘.

📍 우리 가족 이번 주 미션

잔치는 계속된다

4월 둘째 주

요한복음 2장 1-11절
찬송가 540장 주의 음성을 내가 들으니

요한복음 2장 1-11절

1 사흘째 되던 날 갈릴리 가나에 혼례가 있어 예수의 어머니도 거기 계시고
2 예수와 그 제자들도 혼례에 청함을 받았더니
3 포도주가 떨어진지라 예수의 어머니가 예수에게 이르되 저들에게 포도주가 없다 하니
4 예수께서 이르시되 여자여 나와 무슨 상관이 있나이까 내 때가 아직 이르지 아니하였나이다
5 그의 어머니가 하인들에게 이르되 너희에게 무슨 말씀을 하시든지 그대로 하라 하니라
6 거기에 유대인의 정결 예식을 따라 두세 통 드는 돌항아리 여섯이 놓였는지라
7 예수께서 그들에게 이르시되 항아리에 물을 채우라 하신즉 아귀까지 채우니
8 이제는 떠서 연회장에게 갖다 주라 하시매 갖다 주었더니
9 연회장은 물로 된 포도주를 맛보고도 어디서 났는지 알지 못하되 물 떠온 하인

들은 알더라 연회장이 신랑을 불러
10 말하되 사람마다 먼저 좋은 포도주를 내고 취한 후에 낮은 것을 내거늘 그대는 지금까지 좋은 포도주를 두었도다 하니라
11 예수께서 이 첫 표적을 갈릴리 가나에서 행하여 그의 영광을 나타내시매 제자들이 그를 믿으니라

어느 순간부터 대한민국에 수저계급론이 생겼습니다. 많은 젊은이가 자신이 흙수저라며 비관하던 때가 어제 같은데 어느새 흙수저보다 못한 젓가락까지 등장했습니다. 'N포 시대', '헬(지옥)', '이생망'이란 단어가 연이어 등장하는 것을 보면, 최영미 시인의 시집『서른, 잔치는 끝났다』가 떠오릅니다. 정말 잔치는 끝난 것일까요? 어떻게 하면 끝난 잔치가 다시 시작될 수 있을까요? 오늘 본문에서 예수님은 끝난 잔치를 다시 시작하게 하십니다.

인생은 부족하다

인생의 본질은 부족함에 있습니다. 에덴동산에서 쫓겨난 인생은 깨진 독과 같아서 아무리 채워도 부족함을 느낍니다. 그것이 인생입니다. 가나에서 혼인 잔치가 열렸습니다. 혼인 잔치는 인생에 있어서 가장 기쁜 날입니다. 남녀가 만나 서로의 부족함을 채워 완전함을 이루는 날입니다. 서로의 가정을 떠나 새로운 가정을 창조하는 날입니다. 이전의 삶이 어떠하든지 간에 새로운 삶을 시작하는 날입니다. 결혼을 준비하는 신랑과 신부는 자신이 할 수 있는 최선의 노력을 다하여 철저하게

결혼식을 준비합니다. 그런데 사흘째 되던 날 포도주가 떨어졌습니다. 당시 결혼식은 보통 일주일 정도 진행했는데 절반도 안 되어 포도주가 떨어졌습니다. 다른 음식은 떨어져도 잔치를 계속할 수 있지만 포도주가 떨어지면 잔치를 멈춰야 합니다. 당시 문헌에 따르면 이런 경우 손님은 모욕감을 느껴 신랑을 해코지하기도 했습니다. 잔칫집이 초상집이 될 수도 있는 상황입니다. 이것이 인생입니다. 아무리 최선을 다해 새롭게 시작을 해도 부족한 것이 인생입니다. 이 사실을 빨리 깨닫는 사람이 지혜로운 사람입니다.

예수님을 손님이 아닌 주인으로 모셔라

복된 소식이 있습니다. 부족한 인생을 풍성한 인생이 되게 할 수 있습니다. 예수님을 손님이 아닌 주인으로 모시면 됩니다. 예수님은 결혼식에 손님으로 초대를 받았습니다(2절). 그때 포도주가 떨어졌고, 어머니 마리아가 포도주가 떨어졌다는 사실을 예수님에게 전합니다. 이때 예수님은 "나와 무슨 상관이 있나이까"(4절)라고 말씀하십니다. 맞는 말씀입니다. 포도주가 떨어졌다면 그것은 주인이 해결할 일이지, 손님이 해결할 일이 아닙니다. 이때 마리아는 하인들을 불러 예수님이 무슨 말씀을 하시든지 그대로 하라고 말합니다. 즉, 주인으로 대하라는 것입니다. 예수님의 역할이 손님이 아닌 주인으로 바뀌자 놀라운 일이 벌어집니다. 정결 예식을 위해 준비해 둔 돌 항아리에 물을 가득 채워 연회장에게 갖다 주었는데 맹물이 극상품 포도주로 변한 것입니다. 잔치는 이전보다 더욱 풍성해졌습니다. 예수님을 주인으로 모시면 이전에 경험해 보지 못한 잔치가 됩니다. 예수님을 가정의 주인으로 모시는 가정이 되길 축복합니다.

영국의 시인 바이런은 본문을 한 줄로 표현했습니다. "물이 주인을 만나니 얼굴이 붉어졌다." 예수님은 물뿐만 아니라 우리 가정의 주인이십니다. 예수님을 주인으로 모신 가정은 세상이 알지 못하는 기쁨이 가득합니다. 인생은 부족하나 예수님 안에 있으면 풍성해집니다.

📍 나눔

1. 떨어진 포도주처럼 내 인생에 무엇인가 부족함을 느낀 적이 있나요? 그 내용을 가족과 나눠 보세요.
2. 예수님으로 인해서 물이 포도주로 변한 것과 같은 이적을 경험한 적이 있다면 가족과 나눠 보세요.

📍 기도

풍성하신 하나님, 부족한 인생을 살아가지만 하나님 안에서 풍성함을 누리는 가정이 되게 하소서. 우리 가정이 예수님을 손님 대접하는 것이 아니라 주인으로 모십니다. 우리 가정의 유일한 주인이 되어 주소서. 귀하신 예수님의 이름으로 기도합니다. 아멘.

📍 우리 가족 이번 주 미션

거듭남의 비밀

4월 셋째 주

요한복음 3장 1-15절
찬송가 258장 샘물과 같은 보혈은

요한복음 3장 1-15절

1 그런데 바리새인 중에 니고데모라 하는 사람이 있으니 유대인의 지도자라
2 그가 밤에 예수께 와서 이르되 랍비여 우리가 당신은 하나님께로부터 오신 선생인 줄 아나이다 하나님이 함께 하시지 아니하시면 당신이 행하시는 이 표적을 아무도 할 수 없음이니이다
3 예수께서 대답하여 이르시되 진실로 진실로 네게 이르노니 사람이 거듭나지 아니하면 하나님의 나라를 볼 수 없느니라
4 니고데모가 이르되 사람이 늙으면 어떻게 날 수 있사옵나이까 두 번째 모태에 들어갔다가 날 수 있사옵나이까
5 예수께서 대답하시되 진실로 진실로 네게 이르노니 사람이 물과 성령으로 나지 아니하면 하나님의 나라에 들어갈 수 없느니라
6 육으로 난 것은 육이요 영으로 난 것은 영이니
7 내가 네게 거듭나야 하겠다 하는 말을 놀랍게 여기지 말라

8 바람이 임의로 불매 네가 그 소리는 들어도 어디서 와서 어디로 가는지 알지 못하나니 성령으로 난 사람도 다 그러하니라
9 니고데모가 대답하여 이르되 어찌 그러한 일이 있을 수 있나이까
10 예수께서 그에게 대답하여 이르시되 너는 이스라엘의 선생으로서 이러한 것들을 알지 못하느냐
11 진실로 진실로 네게 이르노니 우리는 아는 것을 말하고 본 것을 증언하노라 그러나 너희가 우리의 증언을 받지 아니하는도다
12 내가 땅의 일을 말하여도 너희가 믿지 아니하거든 하물며 하늘의 일을 말하면 어떻게 믿겠느냐
13 하늘에서 내려온 자 곧 인자 외에는 하늘에 올라간 자가 없느니라
14 모세가 광야에서 뱀을 든 것 같이 인자도 들려야 하리니
15 이는 그를 믿는 자마다 영생을 얻게 하려 하심이니라

미국 닉슨 대통령의 보좌관이었던 찰스 콜슨의 별명은 '악랄한 천재'였습니다. 그는 명석한 사람으로, 닉슨 대통령을 위해서라면 못 할 짓이 없었습니다. 그 결과 모든 것을 다 잃고 감옥에 가게 됩니다. 악랄한 천재는 사실 어리석은 사람이었던 것입니다. 그런데 감옥 안에서 하나님을 만나게 됩니다. 세상과 구원에 대한 참 지식을 감옥에서 얻게 되었습니다. 이때부터 그는 감옥에서 복음을 전하게 되고, 그의 별명은 '악랄한 천재'에서 '재소자들의 아버지'로 바뀌게 되었습니다. 그가 쓴 유명한 책이 『거듭나기』입니다. 그렇습니다. 세상의 모든 학문을 다 익혀도 거듭남에 대한 지식이 없다면 그는 어리석은 사람입니다. 세상에서 가장 중요한 비밀을 모르기 때문입니다. 유대인의 지도자요, 선생이라고 불리는 니고데모 역시 이 지식이 없다면 어리석은 사람에 불과합

니다. 거듭남에 대한 지식을 반드시 얻어야 합니다.

성령으로 거듭납니다

거듭남에 대해 무시한 니고데모에게 예수님은 거듭남의 비밀을 알려 주십니다. "사람이 물과 성령으로 나지 아니하면 하나님의 나라에 들어갈 수 없느니라"(5b절). 거듭남은 전적으로 성령의 사역입니다. 성령의 사역은 바람의 움직임과 비슷합니다. "바람이 임의로 불매 네가 그 소리는 들어도 어디서 와서 어디로 가는지 알지 못하나니 성령으로 난 사람도 다 그러하니라"(8절). 영을 뜻하는 히브리어 '루아흐'와 헬라어 '프뉴마' 두 단어 모두 '바람'이라는 뜻과 '영'이라는 뜻을 동시에 가지고 있습니다. 즉, 영과 바람은 밀접한 관련이 있습니다. 바람이 어디서 와서 어디로 가는지 모르듯, 성령의 사역 역시 그 방향과 흐름을 짐작하기 힘듭니다. 또한 바람을 눈으로 보지 못하지만 나무의 흔들림을 통해서 바람의 존재를 알 듯이, 성령 역시 눈으로 볼 수 없지만 그분의 사역을 통해서 성령의 존재를 알 수 있습니다. 거듭난 사람은 이 사실이 너무 쉽게 이해됩니다. 성령의 역사를 경험적으로 알기 때문입니다.

예수님을 믿어야 한다

예수님이 모세가 광야에서 들었던 놋 뱀 사건을 예로 들어 구원의 핵심을 설명하십니다. "모세가 광야에서 뱀을 든 것 같이 인자도 들려야 하리니"(14절). 민수기 21장에서 이스라엘은 출애굽의 은혜를 망각한 채 모세를 향해 원망을 쏟아 냅니다. 이때 하나님은 불 뱀을 보내서 이스라엘을 물게 합니다. 죽어 가는 이스라엘이 살 수 있는 유일한 방법은 모세가 놋으로 만든 뱀을 쳐다보는 것입니다. 높이 들린 놋 뱀을 본 사람들은 그 사람이 어떠하든지 간에 모두 살아났습니다. 하지만 쳐다보지 않은 사람은 모두 죽었습니다. 구원을 얻는 유일한 길은 십자가에 높이 달리신 예수 그리스도를 바라보는 것입니다. "이는 그를 믿는 자마다 영생을 얻게 하려 하심이니라"(15절). 그 사람의 형편이 어떠하든지 간에 '그를 믿는 자마다' 영생을 얻습니다. 단순하지만 가장 분명한 진리입니다.

거듭남의 비밀은 더 이상 비밀이 아닙니다. 모든 사람에게 공개되었기 때문입니다. 하지만 아직도 믿지 못하여 죽어 가는 수많은 사람이 있습니다. 아는 것과 믿는 것은 다릅니다. 거듭남의 비밀이 모든 사람에게 진리로 받아들여지길 소망합니다.

나눔

1. 거듭남과 관련된 풀리지 않는 궁금증이 있다면 그 내용을 가족과 나눠 보세요.
2. 나는 예수님을 나의 구주로 진실되게 영접했나요? 그 믿음에 흔들릴 때가 있다면 언제인지 가족과 나눠 보세요.

기도

이 세상에서 가장 귀한 지식과 진리를 깨닫게 하신 하나님, 감사합니다. 예수님을 믿어 얻게 된 거듭남의 지식과 기쁨이 날마다 충만한 가정이 되길 원합니다. 이제는 복된 지식을 이웃에 전하는 가정이 되게 하소서. 우리 가정을 구원해 주신 예수님의 이름으로 기도합니다. 아멘.

우리 가족 이번 주 미션

생명의 떡을 먹으라

4월 넷째 주

요한복음 6장 30-40절
찬송가 183장 빈 들에 마른 풀같이

요한복음 6장 30-40절

30 그들이 묻되 그러면 우리가 보고 당신을 믿도록 행하시는 표적이 무엇이니이까, 하시는 일이 무엇이니이까
31 기록된 바 하늘에서 그들에게 떡을 주어 먹게 하였다 함과 같이 우리 조상들은 광야에서 만나를 먹었나이다
32 예수께서 이르시되 내가 진실로 진실로 너희에게 이르노니 모세가 너희에게 하늘로부터 떡을 준 것이 아니라 내 아버지께서 너희에게 하늘로부터 참 떡을 주시나니
33 하나님의 떡은 하늘에서 내려 세상에 생명을 주는 것이니라
34 그들이 이르되 주여 이 떡을 항상 우리에게 주소서
35 예수께서 이르시되 나는 생명의 떡이니 내게 오는 자는 결코 주리지 아니할 터이요 나를 믿는 자는 영원히 목마르지 아니하리라
36 그러나 내가 너희에게 이르기를 너희는 나를 보고도 믿지 아니하는도다 하였느

니라

37 아버지께서 내게 주시는 자는 다 내게로 올 것이요 내게 오는 자는 내가 결코 내쫓지 아니하리라
38 내가 하늘에서 내려온 것은 내 뜻을 행하려 함이 아니요 나를 보내신 이의 뜻을 행하려 함이니라
39 나를 보내신 이의 뜻은 내게 주신 자 중에 내가 하나도 잃어버리지 아니하고 마지막 날에 다시 살리는 이것이니라
40 내 아버지의 뜻은 아들을 보고 믿는 자마다 영생을 얻는 이것이니 마지막 날에 내가 이를 다시 살리리라 하시니라

사람의 가장 원초적인 욕망은 배고픔을 채우는 것입니다. 사람은 결국 자신의 배고픔을 자신의 방법으로 채워 가며 살아갑니다. 먹을 것이 보장되지 않는 사람은 그 무엇보다 먹을 것을 얻기 위해 살아갑니다. 돈에 대한 배고픔이 있는 사람은 통장에 잔고가 늘어 가는 기쁨으로 살아갑니다. 학력에 대한 배고픔이 있는 사람은 어떤 상황에서도 배우려 할 것입니다. 인정에 대한 배고픔이 있는 사람은 인정받기 위해 몸부림을 치며 살아갑니다. 사람은 다 자신만의 배고픔, 허기를 채우는 삶을 살아갑니다. 예수님은 이런 사람들에게 선포하십니다. "나는 생명의 떡이다." 예수님을 먹으면 모든 배고픔과 허기로부터 자유하게 됩니다.

썩을 양식을 위하여 일하지 말라

예수님은 다양한 인생의 허기를 느끼며 살아가는 사람들에게 말씀

하십니다. "썩을 양식을 위하여 일하지 말고 영생하도록 있는 양식을 위하여 하라"(27a절). 아무리 고급 뷔페에 가서 한 번에 세 끼 정도의 식사를 해도 다음 날이면 허기를 느껴 라면이라도 먹어야 합니다. 돈에 대한 허기를 느낄수록 돈의 노예가 되고, 학력에 대한 허기가 커질수록 어리석어지고, 인정에 대한 허기가 깊어질수록 자존감이 낮아집니다. 전부 썩을 양식입니다. 썩을 양식이란 필요 없는 양식이란 뜻이 아니라 사라질 양식이란 뜻입니다. 과거 이스라엘은 광야에서 만나를 먹었습니다(31절). 하나님이 만나를 주신 목적은 무엇인가요? "네 조상들도 알지 못하던 만나를 광야에서 네게 먹이셨나니 이는 다 너를 낮추시며 너를 시험하사 마침내 네게 복을 주려 하심이었느니라"(신 8:16). 이 복은, "하나님 여호와를 기억"(신 8:18)하는 것입니다. 썩을 양식이 아닌 하나님을 기억하는 삶을 살아야 합니다. "너희가 어찌하여 양식이 아닌 것을 위하여 은을 달아 주며 배부르게 하지 못할 것을 위하여 수고하느냐"(사 55:2a).

예수님으로 충만하게 되다

모든 배고픔과 허기를 근본적으로 해결하는 방법은 예수 그리스도를 먹어, 예수님으로 충만해지는 것입니다. "예수께서 이르시되 나는 생명의 떡이니 내게 오는 자는 결코 주리지 아니할 터이요 나를 믿는 자는 영원히 목마르지 아니하리라"(35절). 다른 음식으로는 우리 삶의 근원적인 배고픔을 해결할 수 없습니다. 하늘에서 내리는 하나님의 떡인 생명의 떡, 예수님을 먹어야 합니다. 이 떡을 먹는 사람은 영원히 삽니다. "예수께서 이르시되 나는 부활이요 생명이니 나를 믿는 자는 죽어도 살겠고 무릇 살아서 나를 믿는 자는 영원히 죽지 아니하리니 이것을 네가 믿느냐"(요 11:25-26). 에덴동산에서부터 시작된 이 허기는 오직 생명의 떡이신 예수님으로 충만해져야 해결됩니다. 우리 인생의 최고의 복은 예수님입니다.

우리는 양식을 채워 줄 사람이 필요한 것이 아니라 생명의 떡이신 예수님이 필요합니다. 다른 메뉴는 필요 없습니다. 생명의 떡이신 예수님으로 우리 삶은 충만하고 풍성해집니다. "아들을 보고 믿는 자마다 영생"(40절)을 얻습니다. 예수님으로 인한 포만감을 누리는 가정이 되길 축복합니다.

📍 나눔

1. 최근 내가 가장 크게 느끼는 배고픔은 무엇인지 가족과 진솔하게 나눠 보세요.
2. 나의 영혼은 예수님으로 충만한가요? 나의 영적 상태에 대해서 가족과 나눠 보세요.

📍 기도

생명의 떡이신 예수님, 우리 가정이 예수님으로 충만해지길 원합니다. 다른 떡을 찾아 헤매지 않고 하늘에서 내리는 살아 있는 떡이신 예수님으로 충만한 가정이 되길 원합니다. 예수님 안에서 참된 안식을 누리는 가정이 되게 하소서. 생명의 떡이신 예수님의 이름으로 기도합니다. 아멘.

📍 우리 가족 이번 주 미션

율법도 지키고 사람도 살리고

5월 첫째 주

요한복음 8장 1–11절
찬송가 268장 죄에서 자유를 얻게 함은

요한복음 8장 1–11절

1 예수는 감람 산으로 가시니라
2 아침에 다시 성전으로 들어오시니 백성이 다 나아오는지라 앉으사 그들을 가르치시더니
3 서기관들과 바리새인들이 음행중에 잡힌 여자를 끌고 와서 가운데 세우고
4 예수께 말하되 선생이여 이 여자가 간음하다가 현장에서 잡혔나이다
5 모세는 율법에 이러한 여자를 돌로 치라 명하였거니와 선생은 어떻게 말하겠나이까
6 그들이 이렇게 말함은 고발할 조건을 얻고자 하여 예수를 시험함이러라 예수께서 몸을 굽히사 손가락으로 땅에 쓰시니
7 그들이 묻기를 마지 아니하는지라 이에 일어나 이르시되 너희 중에 죄 없는 자가 먼저 돌로 치라 하시고
8 다시 몸을 굽혀 손가락으로 땅에 쓰시니

9 그들이 이 말씀을 듣고 양심에 가책을 느껴 어른으로 시작하여 젊은이까지 하나씩 하나씩 나가고 오직 예수와 그 가운데 섰는 여자만 남았더라
10 예수께서 일어나사 여자 외에 아무도 없는 것을 보시고 이르시되 여자여 너를 고발하던 그들이 어디 있느냐 너를 정죄한 자가 없느냐
11 대답하되 주여 없나이다 예수께서 이르시되 나도 너를 정죄하지 아니하노니 가서 다시는 죄를 범하지 말라 하시니라

예수님은 사역 기간 내내 서기관들과 바리새인들의 공격을 받았습니다. 자신들이 생명처럼 여기는 모세의 율법을 예수님이 어긴다고 생각했기 때문입니다. 하지만 예수님은 율법을 어긴 적이 없으시고 도리어 율법을 완성하셨습니다. "내가 율법이나 선지자를 폐하러 온 줄로 생각하지 말라 폐하러 온 것이 아니요 완전하게 하려 함이라"(마 5:17). 율법의 깊은 뜻을 모르고 율법의 단어만을 붙잡은 서기관과 바리새인의 지적 수준에서는 예수님이 율법을 어긴 범법자처럼 보였습니다. 하지만 예수님은 율법의 완성자이십니다. 오늘 본문이 이를 잘 보여 주고 있습니다.

모든 사람이 죄인이다

서기관과 바리새인이 음행하던 여인을 현장에서 잡아 예수님께로 끌고 나와 묻습니다. "모세는 율법에 이러한 여자를 돌로 치라 명하였거니와 선생은 어떻게 말하겠나이까"(5절). 궁금해서 질문한 것이 아니라, 예수님을 고발할 기회를 얻고자 질문한 것이었습니다. 이때 예수님

은 "너희 중에 죄 없는 자가 먼저 돌로 치라"(7b절)라고 하십니다. 모세의 율법대로 돌로 치되, 죄 없는 자가 먼저 돌로 치라는 것입니다. 예수님은 모세의 율법을 깨지 않으시고 도리어 완성하셨습니다. 그제야 사람들은 양심의 가책을 느끼기 시작했습니다. 하나둘 떠나더니 모두가 그 자리를 떠났습니다. 결국 모든 사람이 죄인이었습니다. 끌려 나온 여인, 고발했던 서기관과 바리새인, 돌을 손에 쥐고 있던 사람들, 구경 나온 사람들 모두가 죄인입니다. 이것이 사람의 실존입니다. 우리는 죄인입니다.

예수님은 우리를 정죄하지 않으시고 새롭게 할 기회를 주신다

죄를 짓지 않은, 죄가 없는, 유일하게 이 여인에게 돌을 던질 수 있는 예수님께서 말씀하십니다. "예수께서 이르시되 나도 너를 정죄하지 아니하노니 가서 다시는 죄를 범하지 말라"(11b절). 예수님은 이 땅에 심판주로 오신 것이 아니라 구원주로 오셨습니다. "하나님이 그 아들을 세상에 보내신 것은 세상을 심판하려 하심이 아니요 그로 말미암아 세상이 구원을 받게 하려 하심이라"(요 3:17). 예수님은 누구보다 죄를 미워하십니다. 예수님의 음행에 대한 기준은 모세의 율법보다 엄격합니다. 예수님은 몸으로 실행하지 않은 마음속의 음행도 실제 음행과 같이 죄로 간주하십니다. "음욕을 품고 여자를 보는 자마다 마음에 이미 간음하였느니라"(마 5:28). 즉, 예수님은 이 여인의 죄를 정당화시킨 것이 아니라 여인에게 회개할 기회를 주신 것입니다. 예수님은 이 여인을 거룩한 삶으로 초대하십니다. 예수님은 죄인을 죽이는 것이 아니라 죄인이 거룩하게 살아가길 원하십니다.

　율법의 완성자 되시는 예수님은 율법도 지키고 사람도 살리는 방법을 선택하십니다. 모든 사람은 죄인입니다. 우리 역시 요한복음 8장의 현장 속에 있었다면 돌을 내려놓고 조용히 떠날 수밖에 없는 죄인일 뿐입니다. 예수님은 우리가 거룩한 삶을 살기를 원하십니다. 다시금 새롭게 될 기회를 주십니다. 그 기회를 잘 살리는 가정이 되길 축복합니다.

📍 나눔

1. 내가 죄인이라는 사실을 어느 순간에 느끼나요? 그 내용을 가족과 나눠 보세요.
2. 예수님이 땅 위에 쓰신 것이 무엇일지 가족과 나눠 보세요.

📍 기도

하나님, 오늘도 우리 가정이 하나님이 주신 새로운 기회 덕분에 살아가고 있음을 고백합니다. 이 기회를 살려 다시는 죄를 짓지 않고 거룩한 삶을 살게 하소서. 하나님이 주신 손으로 죄인을 향해 손가락질하지 않고, 죄인을 그리스도의 사랑으로 품는 가정이 되게 하소서. 율법의 완성자이신 예수님의 이름으로 기도합니다. 아멘.

📍 우리 가족 이번 주 미션

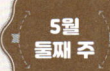

5월 둘째 주

고통, 하나님이 하시는 일을 나타낼 통로

요한복음 9장 1–12절
찬송가 84장 온 세상이 캄캄하여서

요한복음 9장 1–12절

1 예수께서 길을 가실 때에 날 때부터 맹인 된 사람을 보신지라
2 제자들이 물어 이르되 랍비여 이 사람이 맹인으로 난 것이 누구의 죄로 인함이니이까 자기니이까 그의 부모니이까
3 예수께서 대답하시되 이 사람이나 그 부모의 죄로 인한 것이 아니라 그에게서 하나님이 하시는 일을 나타내고자 하심이라
4 때가 아직 낮이매 나를 보내신 이의 일을 우리가 하여야 하리라 밤이 오리니 그 때는 아무도 일할 수 없느니라
5 내가 세상에 있는 동안에는 세상의 빛이로라
6 이 말씀을 하시고 땅에 침을 뱉어 진흙을 이겨 그의 눈에 바르시고
7 이르시되 실로암 못에 가서 씻으라 하시니 (실로암은 번역하면 보냄을 받았다는 뜻이라) 이에 가서 씻고 밝은 눈으로 왔더라
8 이웃 사람들과 전에 그가 걸인인 것을 보았던 사람들이 이르되 이는 앉아서 구걸하던 자가 아니냐

9 어떤 사람은 그 사람이라 하며 어떤 사람은 아니라 그와 비슷하다 하거늘 자기 말은 내가 그라 하니
10 그들이 묻되 그러면 네 눈이 어떻게 떠졌느냐
11 대답하되 예수라 하는 그 사람이 진흙을 이겨 내 눈에 바르고 나더러 실로암에 가서 씻으라 하기에 가서 씻었더니 보게 되었노라
12 그들이 이르되 그가 어디 있느냐 이르되 알지 못하노라 하니라

고통의 문제는 인류 역사와 그 길이를 함께합니다. 사람이 사는 곳이라면 고통의 문제를 피할 수 없습니다. 고통의 문제가 얼마나 심오한지 문학, 예술, 철학 등 인간이 표현하는 모든 것의 중심에는 고통의 문제가 담겨 있습니다. 사람들은 고통을 만나면 고통의 원인을 찾으려 합니다. 어떤 이는 그저 우연히, 재수 없어서 고통을 겪는다고 합니다. 어떤 이는 인과론으로 고통의 문제를 설명합니다. 어떤 이는 불합리한 사회 구조가 고통을 만들어 낸다고 합니다. 어떤 이는 신이 고통을 준다고 합니다. 오늘 본문의 제자들도 이 문제가 궁금했습니다. 그래서 날 때부터 맹인 된 사람을 보자 예수님께 질문합니다. "이 사람이 맹인으로 난 것이 누구의 죄로 인함이니까 자기니이까 그의 부모니이까"(2b절). 예수님은 고통에 대해서 새로운 관점을 말씀하십니다.

고통은 하나님이 하시는 일을 나타낼 통로다

고통에 대한 예수님의 말씀은 사람들의 말과는 질적으로 다른 것이었습니다. "예수께서 대답하시되 이 사람이나 그 부모의 죄로 인한 것

이 아니라 그에게서 하나님이 하시는 일을 나타내고자 하심이라"(3절). 사람들은 고통의 원인을 찾으려고 하지만 예수님은 고통의 문제를 해결하려고 하십니다. 즉, 어떤 고통이든지 간에 하나님이 해결해 주실 수 있다는 것입니다. 고통의 원인은 복잡하게 뒤섞여 있어서 제한된 우리의 이성으로는 분간할 수 없습니다. 하지만 원인이 무엇이든지 간에 우리는 하나님 안에서 고통을 해결받을 수 있습니다. C. S. 루이스는 "고통은 귀먹은 세상을 불러 깨우는 하나님의 메가폰으로서 베일을 벗기고, 반항하는 영혼의 요새 안에 깃발을 꽂는다"라고 했습니다. 평소에는 새끼손가락이 있는지 의식하지 못하다가 손가락이 날카로운 것에 베이면 온몸의 중심인 것처럼 의식하게 됩니다. 마찬가지로 고통은 하나님을 의식하게 하는 영혼의 메가폰입니다. 성경 역시 고통으로 가득 차 있습니다. 하지만 고통을 통해 역사하시는 하나님의 일들로도 가득 차 있습니다. 하나님은 우리 가정의 고통을 통해서도 역사하실 것입니다.

빛을 따라 걸으면 고통에서 해방된다

예수님은 "내가 세상에 있는 동안에는 세상의 빛이로라"(5절)라고 하십니다. 예수님은 땅에 침을 뱉으시고 진흙을 이겨 맹인의 눈에 바르십니다. 이 모습은 하나님이 흙으로 인간을 창조하신 모습을 떠올리게 합니다. 그러고 나서 예수님은 실로암 못에 가서 씻으라고 하십니다. 그러자 어둠 속에 있던 맹인이 일어나 더듬어 실로암을 찾아 떠납니다.

맹인은 여전히 어둠 속에 있지만 예수님의 말씀을 빛으로 삼아 순종하여 실로암을 향해 전진합니다. 마침내 실로암을 찾아 씻었더니 밝은 눈을 얻게 되었습니다. 순종은 높은 차원의 삶을 보장합니다. 여호수아와 군사가 순종하여 침묵 속에 여리고성 주위를 걸었더니 성이 요란하게 무너졌습니다. 나아만 장군은 요단강에 일곱 번 몸을 씻었을 때 어린아이 같은 피부를 얻었습니다. 베드로는 주의 말씀에 의지하여 그물을 던졌을 때 그물이 찢어질 만큼 물고기를 잡았습니다. 빛을 따라, 말씀을 따라 걸으면 고통에서 해방됩니다.

모든 사람은 고통 속에 있습니다. 하지만 예수님 안에 있는 사람에게 고통은 하나님을 만날 기회입니다. 모든 고통은 그 원인이 무엇이든지 간에 하나님 안에서 해결될 수 있습니다. 실로암까지 순종하는 가정이 되길 축복합니다.

📍 나눔

1. 인생에서 가장 고통스러웠던 경험은 무엇이었나요? 그 내용을 가족과 나눠 보세요.
2. 나에게 하나님의 은혜로 고통이 기쁨으로 변한 실로암이 있다면 가족과 나눠 보세요.

📍 기도

빛이신 하나님, 우리 가정에 빛을 비춰 주소서. 고통 중에 어두워진 삶에 빛을 비춰 주셔서 방황하지 않게 하소서. 우리 가정의 고통은 하나님 안에서 찬양 거리가 될 것을 믿습니다. 하나님을 향해 눈을 뜨는 가정이 되게 하소서. 빛이신 예수님의 이름으로 기도합니다. 아멘.

📍 우리 가족 이번 주 미션

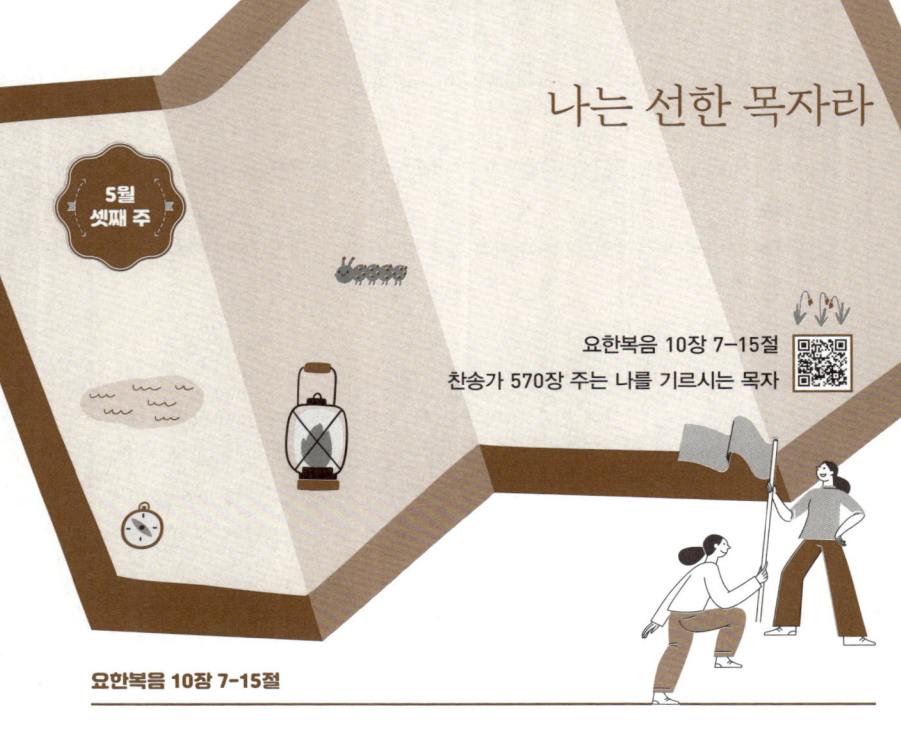

나는 선한 목자라

5월 셋째 주

요한복음 10장 7-15절
찬송가 570장 주는 나를 기르시는 목자

요한복음 10장 7-15절

7 그러므로 예수께서 다시 이르시되 내가 진실로 진실로 너희에게 말하노니 나는 양의 문이라
8 나보다 먼저 온 자는 다 절도요 강도니 양들이 듣지 아니하였느니라
9 내가 문이니 누구든지 나로 말미암아 들어가면 구원을 받고 또는 들어가며 나오며 꼴을 얻으리라
10 도둑이 오는 것은 도둑질하고 죽이고 멸망시키려는 것뿐이요 내가 온 것은 양으로 생명을 얻게 하고 더 풍성히 얻게 하려는 것이라
11 나는 선한 목자라 선한 목자는 양들을 위하여 목숨을 버리거니와
12 삯꾼은 목자가 아니요 양도 제 양이 아니라 이리가 오는 것을 보면 양을 버리고 달아나나니 이리가 양을 물어 가고 또 헤치느니라
13 달아나는 것은 그가 삯꾼인 까닭에 양을 돌보지 아니함이나
14 나는 선한 목자라 나는 내 양을 알고 양도 나를 아는 것이

15 아버지께서 나를 아시고 내가 아버지를 아는 것 같으니 나는 양을 위하여 목숨
   을 버리노라

필립 켈러 목사는 8년간 목동 생활을 체험한 이후에 『양과 목자』라는 책을 썼습니다. 그는 책에서 목자가 양을 누이기가 얼마나 어려운 일인지를 설명합니다. 양을 눕히기 위해서는 네 가지 조건이 충족되어야 합니다. 첫째, 모든 두려움에서 자유해야 합니다. 둘째, 모든 해충에서 벗어나야 합니다. 셋째, 무리 지은 양끼리 평화로워야 합니다. 넷째, 배고프지 않아야 합니다. 한마디로 완벽한 상황에서만 눕는다는 것입니다. 그 어려운 것을 하나님이 이루십니다. "그가 나를 푸른 풀밭에 누이시며 쉴 만한 물 가로 인도하시는도다"(시 23:2).

예수님은 선한 목자이시다

'선한'(칼로스, κάλός)이란 단어는 형용사로서, 성경의 용례를 살펴보면 아무에게나 쓰이는 단어가 아닙니다. 마가복음 10장에서 한 부자 청년이 예수님께 나아와 말합니다. "선한 선생님이여 내가 무엇을 하여야 영생을 얻으리이까"(막 10:17b). 이때 예수님은 "네가 어찌하여 나를 선하다 일컫느냐 하나님 한 분 외에는 선한 이가 없으니라"(막 10:18)라고 하십니다. 즉, '선하다'라는 단어는 하나님께만 쓸 수 있다는 것입니다. 그런데 본문에서 예수님은 자기 선언을 하시면서 "나는 선한 목자라"(11a절)라고 하십니다. 즉, 자신이 하나님이심을 간접적으로 드러

내신 것입니다. 선한 목자이신 예수님의 삶은 양들을 향해 있습니다. 칼뱅은 목자에게는 두 가지의 음성이 있다고 했습니다. 양들을 잔잔한 시냇가로 인도하는 부드러운 음성과 이리가 양들을 물어 갈 때 이리를 쫓아내기 위한 분노의 음성입니다. 선한 목자이신 예수님의 시선과 음성은 양을 향해 있습니다. 양인 우리가 할 일은 선한 목사의 음성에 민감하게 반응하는 것입니다.

예수님은 양을 위해 목숨을 버리는 선한 목자이시다

선한 목자이신 예수님의 가장 뚜렷한 특징은 양들을 위해 목숨을 버리신다는 것입니다. "나는 선한 목자라 선한 목자는 양들을 위하여 목숨을 버리거니와"(11절). 다른 목자들은 목자인 자신을 위해 양을 희생시킵니다. "너희가 살진 양을 잡아 그 기름을 먹으며 그 털을 입되 양 떼는 먹이지 아니하는도다 너희가 그 연약한 자를 강하게 아니하며 병든 자를 고치지 아니하며 상한 자를 싸매 주지 아니하며 쫓기는 자를 돌아오게 하지 아니하며 잃어버린 자를 찾지 아니하고 다만 포악으로 그것들을 다스렸도다"(겔 34:3-4). 그동안 스스로를 선한 목자라고 말한 자들이 있었지만 사실은 강도요 삯꾼이었습니다. 삯꾼은 돈이 안 되는 일은 하지 않습니다. 자신의 양이 아니기 때문에 위기의 순간이 오면 자신의 목숨을 위해 양을 버리고 도망칩니다. 하지만 예수님은 "나는 양을 위하여 목숨을 버리노라"(15b절)라고 당당히 외치십니다. 예수님은 우리를 위해 목숨을 버리시는 선한 목자이십니다. 우리에게 예수님

외에 다른 목자는 더 이상 필요하지 않습니다.

    예수님은 우리를 푸른 풀밭으로 인도하시며 눕게 하시는 선한 목자이십니다. 위기의 순간에는 목숨을 걸고 우리를 지키시는 선한 목자이십니다. 예수님은 그저 좋은 목자가 아니라 우리가 반드시 따라야 할 선한 목자이십니다. 선한 목자를 잘 따르는 착한 양 같은 가정이 되길 축복합니다.

나눔

1. 선한 목자이신 예수님의 선한 인도하심을 경험한 적이 있다면 가족과 나눠 보세요.
2. 나는 선한 목자를 잘 따르는 착한 양인가요? 이 부분에 대해서 가족과 나눠 보세요.

기도

우리 가정을 푸른 풀밭에 눕게 하시는 하나님, 우리 가정의 선한 목자가 되어 주셔서 감사합니다. 걷는 길이 꽃길만은 아닐지라도 선한 목자의 뒤를 잘 따르는 가정이 되게 하소서. 참 고마우신 예수님의 이름으로 기도합니다. 아멘.

우리 가족 이번 주 미션

나사로야, 나오라

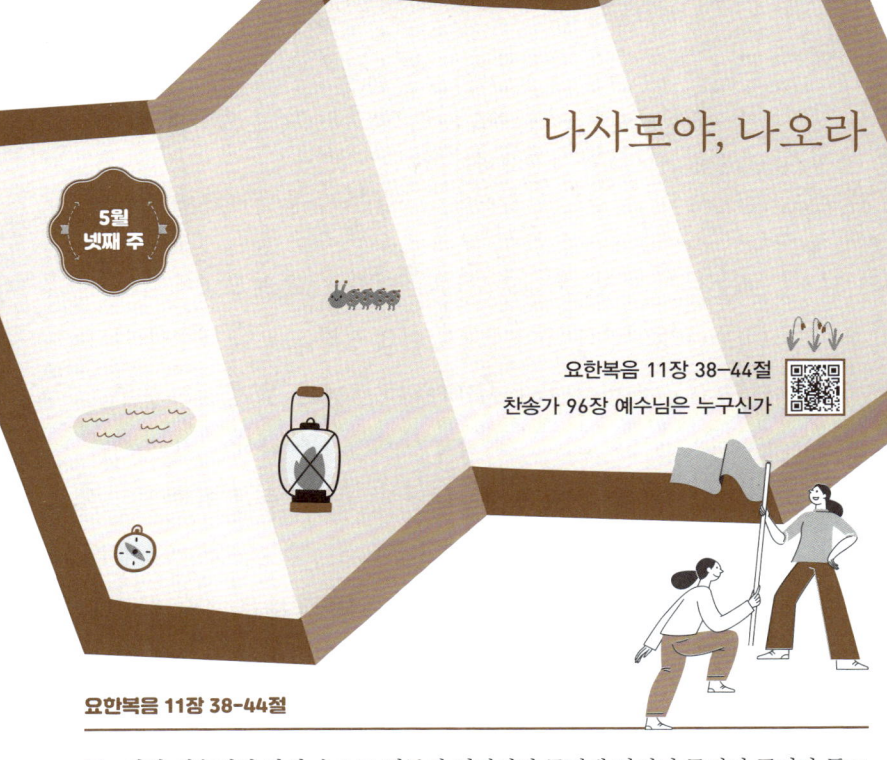

5월 넷째 주

요한복음 11장 38-44절
찬송가 96장 예수님은 누구신가

요한복음 11장 38-44절

38 이에 예수께서 다시 속으로 비통히 여기시며 무덤에 가시니 무덤이 굴이라 돌로 막았거늘

39 예수께서 이르시되 돌을 옮겨 놓으라 하시니 그 죽은 자의 누이 마르다가 이르되 주여 죽은 지가 나흘이 되었으매 벌써 냄새가 나나이다

40 예수께서 이르시되 내 말이 네가 믿으면 하나님의 영광을 보리라 하지 아니하였느냐 하시니

41 돌을 옮겨 놓으니 예수께서 눈을 들어 우러러 보시고 이르시되 아버지여 내 말을 들으신 것을 감사하나이다

42 항상 내 말을 들으시는 줄을 내가 알았나이다 그러나 이 말씀 하옵는 것은 둘러 선 무리를 위함이니 곧 아버지께서 나를 보내신 것을 그들로 믿게 하려 함이니이다

43 이 말씀을 하시고 큰 소리로 나사로야 나오라 부르시니

44 죽은 자가 수족을 베로 동인 채로 나오는데 그 얼굴은 수건에 싸였더라 예수께서 이르시되 풀어 놓아 다니게 하라 하시니라

남자는 태어나서 세 번 운다고 합니다. 태어날 때, 부모님이 돌아가실 때, 그리고 나라가 망할 때입니다. 그런데 성경을 보면 예수님 역시 세 번 우셨습니다. 첫 번째는 나사로의 무덤 앞에서, 두 번째는 예루살렘성을 바라보시면서(눅 19:41), 세 번째는 십자가를 지시기 전 겟세마네 동산에서 우셨습니다. 본문은 예수님의 첫 번째 눈물을 기록하고 있습니다. 본문에서 쓰인 단어는 '에다크뤼센'으로, 이는 '눈물이 와락 쏟아졌다'라는 의미입니다. 죄로 인해서 죽을 수밖에 없는 인간의 실존에 대한 깊은 아픔에서 나온 눈물입니다. 그런데 예수님의 첫 번째 눈물의 현장에서 가장 놀라운 이적인 부활의 이적이 일어납니다.

네가 믿으며 하나님의 영광을 보리라

예수님은 나사로의 무덤을 막고 있는 돌을 옮겨 놓으라고 말씀하십니다. 그러자 나사로의 누이인 마르다가 예수님을 말리듯 말합니다. "주여 죽은 지가 나흘이 되었으매 벌써 냄새가 나나이다"(39b절). 마르다는 바로 직전에 예수님께서 "네 오라비가 다시 살아나리라"(23b절)라고 하셨을 때도 "마지막 날 부활 때에는 다시 살아날 줄을 내가 아나이다"(24b절)라고 말했습니다. 즉, 지금은 죽었다는 것입니다. 마르다는 예수님에 대한 충분한 영적 지식이 없었기에 자기 수준에서 대답한 것

입니다. 우리의 제한된 경험과 부분적인 지식으로는 하나님이 하시려는 일을 다 알 수 없습니다. 그래서 때로는 의심하기도 합니다. 그런데 감사한 것은 예수님은 그런 의심을 허용해 주신다는 것입니다. 20세기 최고의 기독교철학자이자 변증가인 프란시스 쉐퍼는 "정직한 의심은 정직한 믿음으로 가는 길에 있다"라고 했습니다. 우리의 믿음의 여정은 아직 끝나지 않았습니다. 그러므로 지금은 부족하여도, 앞으로 더욱 성숙할 것입니다. 의심이 일어날 때 한 가지만 기억하면 됩니다. "네가 믿으면 하나님의 영광을 보리라"(40절).

예수님은 부활이요 생명이시다

예수님은 공생애 기간에 죽은 사람을 세 번 살리셨습니다. 나인성 과부의 아들(눅 7:14-15), 회당장 야이로의 딸(눅 8:54-55), 그리고 본문의 나사로입니다. 그런데 나사로의 경우는 앞의 두 가지와 차이점이 있습니다. 나사로를 살리신 사건은 분명한 의도가 있는데, 그것은 "나는 부활이요 생명"(25절)이라는 예수님의 정체성을 알리려는 것이었습니다. 예수님은 나사로를 살리기 전에 하나님을 향해 감사의 기도를 드리시면서 이렇게 말씀하셨습니다. "아버지께서 나를 보내신 것을 그들로 믿게 하려 함이니이다"(42b절). 예수님은 이 표적을 보는 사람들 안에 특별한 믿음이 생기길 원하셨습니다. 바로 예수님을 부활이요 생명으로 믿는 믿음입니다. 예수님이 명령하십니다. "돌을 옮겨 놓으라"(39절). "나사로야 나오라"(43절). "풀어 놓아 다니게 하라"(44절). 부활이요 생명이신 예수님만이 하실 수 있는 명령입니다. 우리가 믿는 예수님은 이런 분입니다. 예수님 안에 참된 생명이 있습니다.

　예수님을 영접하는 순간, 죽음의 문제가 해결됩니다. 부활이요 생명이신 예수님 안에서 우리는 영생합니다. 이 땅에서의 마지막 순간은 가장 영광스러운 날이 될 것입니다. 예수님이 우리의 각 사람의 이름을 부르시며 영생으로 인도하실 것입니다.

📍 나눔

1. 하나님을 믿는 데 있어서 의심이 들었거나 아직도 의심하고 있는 부분이 있나요? 그 내용을 가족과 나눠 보세요.
2. '죽음' 하면 어떤 생각이 드나요? 죽음에 대한 생각을 가족과 나눠 보세요.

📍 기도

하나님, 우리 가정에 금보다 더 귀한 믿음을 주소서. 은과 금은 부족하더라도 부활과 생명에 대한 믿음은 부요한 가정이 되게 하소서. 믿음으로 하나님의 영광을 보는 가정이 되게 하소서. 부활이요 생명이신 예수님의 이름으로 기도합니다. 아멘.

📍 우리 가족 이번 주 미션

인생의 마지막까지 해야 할 일

6월 첫째 주

요한복음 13장 1–11절
찬송가 459장 누가 주를 따라

요한복음 13장 1-11절

1 유월절 전에 예수께서 자기가 세상을 떠나 아버지께로 돌아가실 때가 이른 줄 아시고 세상에 있는 자기 사람들을 사랑하시되 끝까지 사랑하시니라
2 마귀가 벌써 시몬의 아들 가룟 유다의 마음에 예수를 팔려는 생각을 넣었더라
3 저녁 먹는 중 예수는 아버지께서 모든 것을 자기 손에 맡기신 것과 또 자기가 하나님께로부터 오셨다가 하나님께로 돌아가실 것을 아시고
4 저녁 잡수시던 자리에서 일어나 겉옷을 벗고 수건을 가져다가 허리에 두르시고
5 이에 대야에 물을 떠서 제자들의 발을 씻으시고 그 두르신 수건으로 닦기를 시작하여
6 시몬 베드로에게 이르시니 베드로가 이르되 주여 주께서 내 발을 씻으시나이까
7 예수께서 대답하여 이르시되 내가 하는 것을 네가 지금은 알지 못하나 이 후에는 알리라
8 베드로가 이르되 내 발을 절대로 씻지 못하시리이다 예수께서 대답하시되 내가

너를 씻어 주지 아니하면 네가 나와 상관이 없느니라
9 시몬 베드로가 이르되 주여 내 발뿐 아니라 손과 머리도 씻어 주옵소서
10 예수께서 이르시되 이미 목욕한 자는 발밖에 씻을 필요가 없느니라 온 몸이 깨끗하니라 너희가 깨끗하나 다는 아니니라 하시니
11 이는 자기를 팔 자가 누구인지 아심이라 그러므로 다는 깨끗하지 아니하다 하시니라

본문은 '유월절 전'에 일어난 일입니다. 유월절은 이스라엘 백성이 출애굽을 앞둔 상황에서 어린양을 희생하여 그 피를 문설주에 바름으로써 죽음을 모면한 사건을 기념하는 날입니다. 예수님은 곧 자신이 어린양이 되어야 함을 알고 계셨습니다. 이때 예수님의 마음이 어떠셨을까 짐작할 수 있습니다. 이날을 위해 성육신하여 이 땅에 오셨고, 이제 잠시 후면 십자가의 고통을 통해서 엄중한 사명을 완성하십니다. 폭풍 전야와 같은 상황입니다. 예수님은 세상을 떠날 때가 가까이 왔음을 아셨습니다. "유월절 전에 예수께서 자기가 세상을 떠나 아버지께로 돌아가실 때가 이른 줄 아시고"(1a절). 이 땅에서의 시간이 얼마 남지 않은 때 예수님은 무엇을 하셨나요?

끝까지 사랑하셨다

예수님이 하신 일은 "세상에 있는 자기 사람들을 사랑하시되 끝까지 사랑"(1절)하신 것입니다. '끝까지'란 말은 '끝이 없는'이란 말입니다. 예수님의 사랑은 끝이 없는 사랑입니다. 또한 예수님의 사랑은 사람을

가리지 않는 사랑입니다. 제자 중에는 배신자도 있었습니다. "마귀가 벌써 시몬의 아들 가룟 유다의 마음에 예수를 팔려는 생각을 넣었더라"(2절). 그럼에도 불구하고 예수님은 끝까지 가룟 유다를 사랑하십니다. 마태복음 26장 24절에서는 유다를 향해 "그 사람은 차라리 태어나지 아니하였더라면 제게 좋을 뻔하였느니라"라고 하셨습니다. 이 말씀은 가룟 유다를 비난하는 것이 아니라 그를 향한 안타까운 마음을 표현하신 것입니다. 부모라면 여러 명의 자녀가 있을지라도 가장 약한 자녀에게 더 마음이 갑니다. 예수님 역시 가장 연약한 가룟 유다에게 마음이 더 가셨을 것입니다. 그래서인지 초대 교부인 요한 크리소스토무스는 예수님께서 가룟 유다의 발을 가장 먼저 씻기셨을 것이라고 말했습니다. 예수님은 대상을 가리지 않고 끝까지 사랑하시는 분입니다. 우리 가정이 인생 마지막까지 해야 할 일 역시 사랑입니다.

섬김의 본을 보여 주셨다

예수님은 섬김의 모습을 통해서 제자들에게 사랑을 보이셨습니다. 예수님은 식사 중에 제자들의 발을 닦기 위해 일어나셨습니다. "저녁 먹는 중 예수는 아버지께서 모든 것을 자기 손에 맡기신 것과 또 자기가 하나님께로부터 오셨다가 하나님께로 돌아가실 것을 아시고"(3절). 예수님은 마음에 감동이 오자 식사 중이셨음에도 일어나 겉옷을 벗고 수건을 허리에 두르시고 제자들의 발을 씻기셨습니다. 유대 풍습에 이런 행동은 종이나 노예가 주인에게 하는 행동이었습니다. 그런데 예수님은 자신에게 주어진 권위를 가지고 섬김을 받는 것이 아니라 오히려 섬기셨습니다. 높은 권위가 있는 분이 낮은 마음으로 섬기면 그 낙차만큼이나 영향력이 커집니다. 예수님은 자신을 배신할 사람의 발까지도 닦아 주셨습니다. "이는 자기를 팔 자가 누구인지 아심이라"(11a절). 겉옷을 벗고 수건을 허리에 두르시고 열정적으로 제자들의 발을 닦으시는 예수님의 모습은 우리가 본받아야 할 모습입니다.

인생의 마지막 날이 가까운 줄 안다면, 무엇을 하실 건가요? 예수님이 그러셨던 것처럼 끝까지 사랑하고, 대상을 가리지 않고 이웃을 섬겨야 할 것입니다. 이보다 더욱 아름다운 삶은 없습니다.

나눔

1. 내가 만약 한 달 뒤에 죽는다면 무엇을 할 것인지 가족과 나눠 보세요.
2. 내가 끝까지 사랑하고 섬길 대상은 누구인지 가족과 나눠 보세요.

기도

우리를 사랑하시되 끝까지 사랑하시는 하나님, 감사합니다. 우리는 가룟 유다처럼 연약하지만, 하나님의 사랑 덕분에 오늘도 살아가고 있음에 감사합니다. 이제는 신실한 제자가 되어 예수님처럼 끝까지 사랑하고 섬기는 가정이 되게 하소서. 사랑하는 예수님의 이름으로 기도합니다. 아멘.

우리 가족 이번 주 미션

새 계명을 너희에게 주노니

요한복음 13장 31-35절
찬송가 468장 큰 사랑의 새 계명을

요한복음 13장 31-35절

31 그가 나간 후에 예수께서 이르시되 지금 인자가 영광을 받았고 하나님도 인자로 말미암아 영광을 받으셨도다
32 만일 하나님이 그로 말미암아 영광을 받으셨으면 하나님도 자기로 말미암아 그에게 영광을 주시리니 곧 주시리라
33 작은 자들아 내가 아직 잠시 너희와 함께 있겠노라 너희가 나를 찾을 것이나 일찍이 내가 유대인들에게 너희는 내가 가는 곳에 올 수 없다고 말한 것과 같이 지금 너희에게도 이르노라
34 새 계명을 너희에게 주노니 서로 사랑하라 내가 너희를 사랑한 것 같이 너희도 서로 사랑하라
35 너희가 서로 사랑하면 이로써 모든 사람이 너희가 내 제자인 줄 알리라

예수님이 십자가를 지시기 전에 제자들에게 새 계명을 주십니다. 이 때 제자들이 얼마나 숙연한 마음으로 경청했을까요? 조금 전 예수님은 식사 중에 세족식을 행하셨습니다. 그리고 제자 중 한 명이 예수님을 팔 것이라고 예언하셨습니다. 제자들이 웅성거리는 가운데 유다는 갑자기 식사 장소를 떠나 나갔습니다. 이 모든 분위기를 보건대 아무리 눈치 없는 제자들이어도 뭔가 사건이 일어날 것임을 느꼈을 것입니다. 이런 상황에서 예수님께서 새로운 계명을 주시겠다고 합니다. 한 번도 이런 말씀을 하신 적이 없었습니다. 이 계명은 무엇이었나요?

서로 사랑하라

예수님이 새로운 계명을 말씀하십니다. "새 계명을 너희에게 주노니 서로 사랑하라 내가 너희를 사랑한 것 같이 너희도 서로 사랑하라"(34절). 제자들은 새로운 계명이라고 하기에 큰 기대를 했을 것입니다. 바리새인과 서기관이 하는 말과는 차원이 다른 계명일 것이라고 생각했을 것입니다. 그런데 이미 알고 있는 계명이었습니다. "네 이웃 사랑하기를 네 자신과 같이 사랑하라 나는 여호와이니라"(레 19:18b). 어찌 보면 전혀 새롭지 않은 옛 계명일 수 있습니다. 하지만 '새 계명'이란 시간적으로 새로운 계명이 아니라 새로운 마음을 요구하는 계명입니다. 이전 계명에서 사랑의 기준은 '나 자신'이었습니다. 나를 사랑하는 만큼 다른 사람을 사랑하는 것입니다. 그런데 예수님의 새 계명은 "내가 너희를 사랑한 것 같이"(34절), 즉 예수님이 우리를 사랑하신 것 같이 사랑하는 것입니다. 이 사랑은 끝까지, 대상을 가리지 않고 사랑하는 것입니다. 나를 팔기 위해 나간 가룟 유다와 같은 사람까지도 사랑하는 것입니다. 새 계명은 우리가 지켜야 할 계명입니다.

사랑으로 증명된다

예수님은 새 계명의 공동체성을 말씀하십니다. "너희가 서로 사랑하면 이로써 모든 사람이 너희가 내 제자인 줄 알리라"(35절). 사람들은 율법을 달달 외우고, 기도를 막힘없이 한다고 해서 그 사람을 제자로 인정하지 않습니다. 우리가 서로 사랑하고 공동체를 향한 사랑을 실천하면 그때 예수님의 제자로 인정받습니다. 초대교회의 지도자였던 테르툴리아누스의 글을 보면 초대 교인들은 전도할 때 이렇게 말했다고 합니다. "당신들은 그리스도인들처럼 사랑하는 사람들을 본 일이 있습니까?" 이런 말로 전도할 수 있었던 그들의 실천적 사랑이 부럽습니다. 프란시스 쉐퍼는 이렇게 말합니다. "사랑은 예수의 제자들의 배지이다." 돈, 명예, 권력, 종교적 열심이 아니라 사랑이 그리스도의 배지입니다. 제자의 정체성은 사랑에 걸려 있습니다.

요한복음에 '사랑하라'는 말이 56번 나오는데, 그중 44번이 예수님의 고별 설교가 담긴 13장부터 21장 사이에 나옵니다. 예수님은 우리가 새 계명을 실천하는 사람이 되기를 간절히 원하십니다. 그리스도인으로서 사랑의 배지가 아름답게 빛나는 가정이 되길 바랍니다.

나눔

1. 나에게 가룟 유다와 같은 사람이 있나요? 그 사람을 사랑할 방법을 생각해 보고 가족과 나눠 보세요.
2. 사랑을 실천하여 예수님의 제자임을 증명한 경험이 있나요? 그 내용을 가족과 나눠 보세요.

기도

하나님, 우리 가정이 새 계명을 실천하며 사는 가정이 되길 원합니다. 우리가 가진 것을 자랑하는 것이 아니라, 예수님처럼 사랑을 실천하는 것을 영광스럽게 여기는 가정이 되게 하소서. 사랑하는 예수님의 이름으로 기도합니다. 아멘.

우리 가족 이번 주 미션

예수님이 주시는 평안

6월 셋째 주

요한복음 14장 25-31절
찬송가 182장 강물같이 흐르는 기쁨

요한복음 14장 25-31절

25 내가 아직 너희와 함께 있어서 이 말을 너희에게 하였거니와

26 보혜사 곧 아버지께서 내 이름으로 보내실 성령 그가 너희에게 모든 것을 가르치고 내가 너희에게 말한 모든 것을 생각나게 하리라

27 평안을 너희에게 끼치노니 곧 나의 평안을 너희에게 주노라 내가 너희에게 주는 것은 세상이 주는 것과 같지 아니하니라 너희는 마음에 근심하지도 말고 두려워하지도 말라

28 내가 갔다가 너희에게로 온다 하는 말을 너희가 들었나니 나를 사랑하였더라면 내가 아버지께로 감을 기뻐하였으리라 아버지는 나보다 크심이라

29 이제 일이 일어나기 전에 너희에게 말한 것은 일이 일어날 때에 너희로 믿게 하려 함이라

30 이 후에는 내가 너희와 말을 많이 하지 아니하리니 이 세상의 임금이 오겠음이라 그러나 그는 내게 관계할 것이 없으니

31 오직 내가 아버지를 사랑하는 것과 아버지께서 명하신 대로 행하는 것을 세상이 알게 하려 함이로라 일어나라 여기를 떠나자 하시니라

진정한 믿음의 특징은 평안입니다. 환경이 힘들고, 이해되지 않는 일들이 일어나고, 뻔히 보이는 고통이 눈앞에 있더라도 평안할 수 있다면, 그는 하나님과 함께하고 있는 것입니다. 가진 것이 많고, 미래를 위한 대안을 제시하고, 몸이 건강해도 평안하지 않다면, 그는 불행한 사람입니다. 예수님은 지금 모든 불안의 조건을 다 갖고 있습니다. 제자들은 배신하고, 살해의 위협은 가득하고, 끔찍한 십자가 처형을 감당해야 합니다. 그런데 예수님은 이 순간에 평안을 말씀하십니다. "평안을 너희에게 끼치노니 곧 나의 평안을 너희에게 주노라 내가 너희에게 주는 것은 세상이 주는 것과 같지 아니하니라"(27a절). 예수님이 주시는 평안은 차원이 다른 평안입니다. 예수님은 그 평안을 제자들에게 주려고 하십니다.

문제에 대한 답을 가르치시고 생각나게 하신다

예수님이 모든 상황에서 평안하실 수 있었던 이유는 모든 문제에 대한 답을 알고 계셨기 때문입니다. "보혜사 곧 아버지께서 내 이름으로 보내실 성령 그가 너희에게 모든 것을 가르치고 내가 너희에게 말한 모든 것을 생각나게 하리라"(26절). 문제가 문제인 것은 답을 알지 못하기 때문입니다. 답을 알고 있다면 문제는 또 다른 놀이입니다. 보혜사

성령님은 모든 것을 가르쳐 주실 것입니다. 또한 배운 바를 생각나게 하실 것입니다. 시험 전날에 모든 범위를 다 공부했는데 막상 시험 시간에 기억이 나지 않는다면 그것만큼 답답한 일도 없습니다. 그런데 모든 것을 가르치시고 모든 것을 생각나게 하시는 성령님과 함께라면 어떤 시험을 앞두고 있어도 평안할 수 있습니다. 시험이 올 때마다 불안해하는 것이 아니라 도리어 기쁠 것입니다.

문제를 통해 세상은 예수님이 누구신지 알게 될 것이다

문제 앞에서 불안해하는 이유는 문제를 통해서 나의 삶이 무너질 것이라고 생각하기 때문입니다. 하지만 예수님은 문제를 통해서 내가 쓰러지는 것이 아니라, 내가 어떤 사람인지 더욱 드러나게 될 것이라고 하십니다. "이 세상의 임금이 오겠음이라 그러나 그는 내게 관계할 것이 없으니"(30b절). 예수님은 조금 있으면 당시의 지도자인 빌라도와 가야바 앞에 서게 됩니다. 그런데 걱정이 없다고 하십니다. "오직 내가 아버지를 사랑하는 것과 아버지께서 명하신 대로 행하는 것을 세상이 알게 하려 함이로라"(31a절). 그 앞에 서서 심문을 받으면 받을수록 예수님이 얼마나 하나님을 사랑하는지가 드러나고, 또한 자신이 얼마나 사명에 집중된 사람인지가 세상에 증거되기 때문이라는 것입니다. 모든 순간을 통해서 하나님 사랑과 하나님께 받은 사명이 드러난다면 평안할 수 있습니다. 하나님이 주시는 평안은 전천후 평안입니다.

예수님은 우리에게 평안을 주길 원하십니다. 이 평안은 세상이 주는 평안이 아닙니다. 세상은 알지 못하는 하나님의 평안입니다. 문제를 만나면 만날수록 더욱 깊어지는 평안입니다. 예수님은 말씀을 마치시고 "일어나라 여기를 떠나자"(31절)라고 하십니다. 도망가자는 말이 아니라 문제를 맞서러 가자는 말입니다. 평안한 사람만이 할 수 있는 말입니다. 이 평안이 가정에 가득하길 축복합니다.

📍 나눔

1. 최근에 큰 두려움과 불안을 느꼈던 적이 있다면 그 내용을 가족과 나눠 보세요.
2. 예수님이 주시는 평안을 내 것으로 삼는다면 나의 삶은 어떻게 달라질 것 같은지 가족과 나눠 보세요.

📍 기도

평안을 창조하시는 하나님, 우리 가정이 하나님이 주시는 평안으로 가득하길 원합니다. 세상은 이해할 수도 없고 알지도 못하는 평안이 가득한 가정이 되게 하소서. 모든 순간에 하나님 사랑과 사명을 증거하는 가정이 되게 하소서. 평안을 주시는 예수님의 이름으로 기도합니다. 아멘.

📍 우리 가족 이번 주 미션

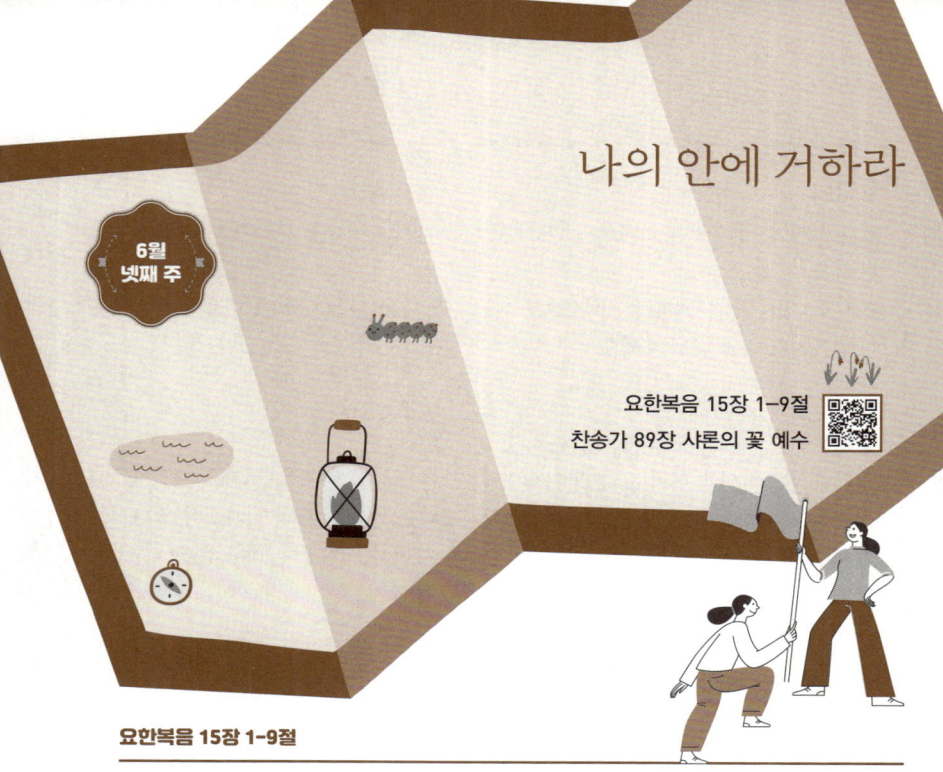

나의 안에 거하라

6월 넷째 주

요한복음 15장 1-9절
찬송가 89장 샤론의 꽃 예수

요한복음 15장 1-9절

1 나는 참포도나무요 내 아버지는 농부라
2 무릇 내게 붙어 있어 열매를 맺지 아니하는 가지는 아버지께서 그것을 제거해 버리시고 무릇 열매를 맺는 가지는 더 열매를 맺게 하려 하여 그것을 깨끗하게 하시느니라
3 너희는 내가 일러준 말로 이미 깨끗하여졌으니
4 내 안에 거하라 나도 너희 안에 거하리라 가지가 포도나무에 붙어 있지 아니하면 스스로 열매를 맺을 수 없음 같이 너희도 내 안에 있지 아니하면 그러하리라
5 나는 포도나무요 너희는 가지라 그가 내 안에, 내가 그 안에 거하면 사람이 열매를 많이 맺나니 나를 떠나서는 너희가 아무 것도 할 수 없음이라
6 사람이 내 안에 거하지 아니하면 가지처럼 밖에 버려져 마르나니 사람들이 그것을 모아다가 불에 던져 사르느니라
7 너희가 내 안에 거하고 내 말이 너희 안에 거하면 무엇이든지 원하는 대로 구하

라 그리하면 이루리라
8 너희가 열매를 많이 맺으면 내 아버지께서 영광을 받으실 것이요 너희는 내 제자가 되리라
9 아버지께서 나를 사랑하신 것 같이 나도 너희를 사랑하였으니 나의 사랑 안에 거하라

예수님은 비유의 달인이십니다. 비유를 통해서 전하고자 하는 뜻을 입체적이면서도 구체적으로 드러내십니다. 예수님은 자신을 참 포도나무라고 하시고, 하나님은 농부이며, 우리는 가지라고 하십니다. 너무나 유명한 이 비유를 통해서 예수님은 어떤 의미를 전하신 걸까요?

접속하지 말고 접촉하라

예수님은 곧 있으면 제자들을 떠난다고 하십니다. 그리고 "내가 가는 곳에 네가 지금은 따라올 수 없으나"(요 13:36)라고 하셨습니다. 그런데 본문에서는 붙어 있으라고 하십니다. 모순처럼 느껴집니다. 여기서 붙어 있으라는 것은 물리적인 접촉이 아닌 영적인 접촉을 말하는 것입니다. 즉, 매 순간 예수님의 영향을 받아야 한다는 것입니다. 가지가 나무를 통해서 영양분을 빨아 먹듯이, 모든 순간을 예수로 힘입고 예수로 살아야 한다는 말입니다. 이제 잠시 후에 예수님을 육체적으로는 볼 수 없지만 성령 안에서 하나가 될 수 있기 때문입니다. 인터넷이 발달하면서 우리는 수많은 사람과 접속되어 있습니다. 얼굴도 한 번 본 적 없지만 서로 '친구' 관계를 맺고 온라인상에서 서로의 안부를 묻습니다. 이

런 관계는 서로의 안부를 묻고, 서로의 인생을 사진으로 엿보기는 하지만 사실 서로 큰 관심이 없습니다. 도리어 가까이 다가가려고 하면 관계를 끊습니다. 포도나무와 가지의 관계는 이런 관계가 아닙니다. 접속이 아닌 접촉의 관계입니다. 가지와 나무 사이에 작은 틈이라도 생기면 가지는 얼마 못 되어 떨어져 말라 버립니다. 가지는 나무에 절대적이고 필사적으로 붙어 있어야 합니다.

깨끗함을 유지하라

가지가 포도나무에 붙어 있기 위해서는 깨끗해야 합니다. "무릇 열매를 맺는 가지는 더 열매를 맺게 하려 하여 그것을 깨끗하게 하시느니라"(2b절). 가지가 나무의 영양분을 충분히 받기 위해서는 막힌 것이 없어야 합니다. 죄는 하나님과 우리 사이를 막습니다. 죄는 하나님과 우리 사이를 분리시킵니다. 그러나 우리는 이미 깨끗해졌습니다. "너희는 내가 일러준 말로 이미 깨끗하여졌으니"(3절). 이 깨끗함을 유지하기 위해서 노력해야 합니다. 깨끗함을 유지하지 못해서 분리되면 어떻게 될까요? 첫째, 열매를 맺지 못합니다. "내 안에 거하라 나도 너희 안에 거하리라 가지가 포도나무에 붙어 있지 아니하면 스스로 열매를 맺을 수 없음 같이 너희도 내 안에 있지 아니하면 그러하리라"(4절). 둘째, 아무것도 할 수 없는 철저한 무능의 상태가 됩니다. "나를 떠나서는 너희가 아무 것도 할 수 없음이라"(5b절). 셋째, 결국 죽습니다. "사람이 내 안에 거하지 아니하면 가지처럼 밖에 버려져 마르나니 사람들이 그것을 모아다가 불에 던져 사르느니라"(6절).

　Good(좋은 것)에서 God(하나님)을 빼면, o만 남습니다. 하지만 아무리 o라고 할지라도 God과 함께하면 Good(좋은 것)이 됩니다. 하나님과 함께하는 모든 것은 좋은 것입니다. 하나님을 떠나서 일어나는 모든 것은 악한 것입니다. 결국 참된 생명을 줄 수 없기 때문입니다. 선한 포도나무에 밀착하여 접촉된 좋은 가지와 같은 가정이 되길 축복합니다.

📍 나눔

1. 예수님과 나와의 친밀감이 10점 만점에 몇 점인지 생각해 보고, 그 이유를 가족과 나눠 보세요.
2. 내가 가지로서 포도나무에 잘 붙어 있으려면 어떻게 해야 할지 가족과 나눠 보세요.

📍 기도

선한 농부이신 하나님, 죄를 지어 하나님께로부터 분리된 우리를 예수님의 십자가 사랑으로 다시금 접붙여 주셔서 감사합니다. 다시는 떨어지지 않겠습니다. 우리 가정을 붙잡아 주소서. 포도나무이신 예수님의 이름으로 기도합니다. 아멘.

📍 우리 가족 이번 주 미션

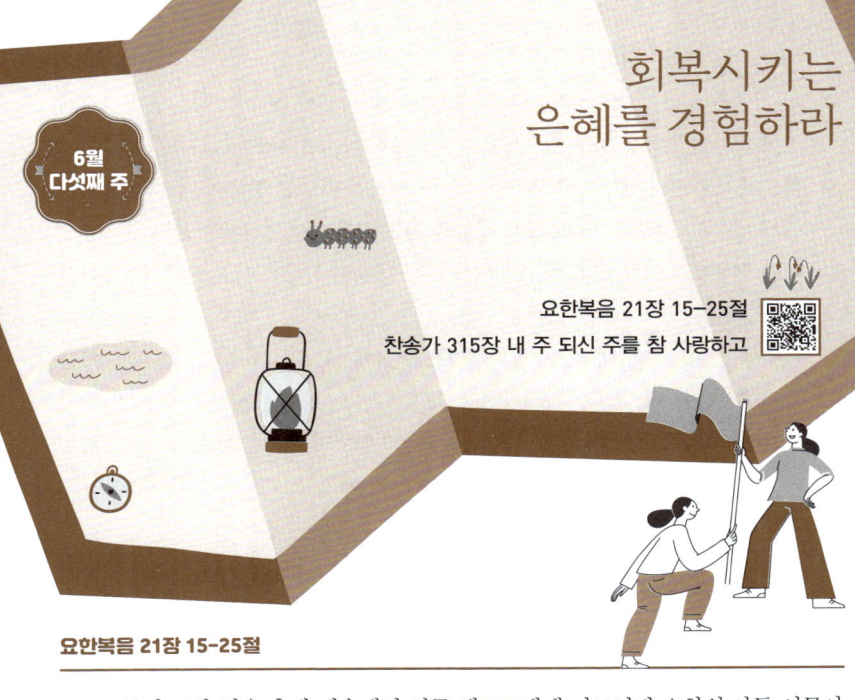

회복시키는 은혜를 경험하라

6월 다섯째 주

요한복음 21장 15-25절
찬송가 315장 내 주 되신 주를 참 사랑하고

요한복음 21장 15-25절

15 그들이 조반 먹은 후에 예수께서 시몬 베드로에게 이르시되 요한의 아들 시몬아 네가 이 사람들보다 나를 더 사랑하느냐 하시니 이르되 주님 그러하나이다 내가 주님을 사랑하는 줄 주님께서 아시나이다 이르시되 내 어린 양을 먹이라 하시고

16 또 두 번째 이르시되 요한의 아들 시몬아 네가 나를 사랑하느냐 하시니 이르되 주님 그러하나이다 내가 주님을 사랑하는 줄 주님께서 아시나이다 이르시되 내 양을 치라 하시고

17 세 번째 이르시되 요한의 아들 시몬아 네가 나를 사랑하느냐 하시니 주께서 세 번째 네가 나를 사랑하느냐 하시므로 베드로가 근심하여 이르되 주님 모든 것을 아시오매 내가 주님을 사랑하는 줄을 주님께서 아시나이다 예수께서 이르시되 내 양을 먹이라

18 내가 진실로 진실로 네게 이르노니 네가 젊어서는 스스로 띠 띠고 원하는 곳으로 다녔거니와 늙어서는 네 팔을 벌리리니 남이 네게 띠 띠우고 원하지 아니하

는 곳으로 데려가리라

19 이 말씀을 하심은 베드로가 어떠한 죽음으로 하나님께 영광을 돌릴 것을 가리키심이러라 이 말씀을 하시고 베드로에게 이르시되 나를 따르라 하시니
20 베드로가 돌이켜 예수께서 사랑하시는 그 제자가 따르는 것을 보니 그는 만찬석에서 예수의 품에 의지하여 주님 주님을 파는 자가 누구오니이까 묻던 자더라
21 이에 베드로가 그를 보고 예수께 여짜오되 주님 이 사람은 어떻게 되겠사옵나이까
22 예수께서 이르시되 내가 올 때까지 그를 머물게 하고자 할지라도 네게 무슨 상관이냐 너는 나를 따르라 하시더라
23 이 말씀이 형제들에게 나가서 그 제자는 죽지 아니하겠다 하였으나 예수의 말씀은 그가 죽지 않겠다 하신 것이 아니라 내가 올 때까지 그를 머물게 하고자 할지라도 네게 무슨 상관이냐 하신 것이러라
24 이 일들을 증언하고 이 일들을 기록한 제자가 이 사람이라 우리는 그의 증언이 참된 줄 아노라
25 예수께서 행하신 일이 이 외에도 많으니 만일 낱낱이 기록된다면 이 세상이라도 이 기록된 책을 두기에 부족할 줄 아노라

우리는 어떠한 상황이 다른 방향이나 상태로 바뀌는 지점을 '터닝 포인트'라고 부릅니다. 터닝 포인트 이전과 이후의 삶은 확연하게 구분됩니다. 예수님을 모르고 살던 사람이 복음을 듣고 예수님을 믿는 순간이 그의 인생의 터닝 포인트입니다. 성경에는 이렇게 인생의 터닝 포인트를 맞은 사람들이 나옵니다. 그들은 어떻게 인생의 터닝 포인트를 맞았을까요? 그들의 인생이 바뀐 이유는 무엇일까요?

🔺 예수님이 먼저 찾아오신다

믿음의 시작은 나의 결정이 아니라 하나님의 결정입니다. 내가 믿기로 선택한 것 같지만 하나님이 먼저 믿음을 주신 것입니다. 모든 제자는 스스로 예수님을 따르기로 선택한 것이 아니었습니다. 예수님이 그들을 먼저 선택하셨습니다. 믿음의 시작을 내가 주도하지 않았듯이 믿음의 회복 역시 내가 주도하는 것이 아닙니다. 하나님이 하십니다. 이 사실을 믿어야 하며, 믿을 때 회복이 가능해집니다. 나의 결단과 의지는 바람에 흔들리는 갈대와 같아서 믿을 수가 없습니다. 하지만 하나님의 결단과 의지는 세상도 막을 수가 없습니다. 제자들은 예수님의 부르심에 자신의 모든 것을 버려두고 예수님을 좇았습니다(마 4:18-22). 하지만 유다는 예수님을 팔아 버리고, 베드로는 예수님을 모른다고 세 번이나 부인하고, 나머지 제자들은 도망쳤습니다. 실패한 제자 6명은 예전처럼 물고기를 잡으러 갔습니다. 그런데 그곳에 예수님이 먼저 와 계셨습니다. 제자들은 실패했으나 예수님은 실패하지 않으십니다. 예수님은 절대 우리를 포기하지 않으십니다. 우리를 포기하지 않으시는 예수님을 믿을 때 회복은 시작됩니다.

🔺 사랑이 다시 시작하게 한다

예수님은 밤새 물고기를 잡느라 고생한 제자들을 위해 조반을 준비해 두셨습니다. 제자들은 아무 말도 하지 못하고 침묵 속에서 조반을 먹고 있지만, 그들의 내면은 자책과 후회, 여러 가지 질문으로 어느 때보다도 시끄러웠습니다. 그때 예수님이 베드로에게 똑같은 질문을 세 번 하십니다. "요한의 아들 시몬아 네가 이 사람들보다 나를 더 사랑하느냐"(15-17절). 예수님은 베드로의 행동을 질책하지 않으셨습니다. 예수님을 향한 마음을 물으셨습니다. '사랑하느냐'라는 말의 시제는 현재입니다. 과거의 실패한 사랑이나 미래의 불확실한 사랑을 물으신 것이 아니라 지금의 사랑을 물으신 것입니다. 실패한 과거에 매여 있으면 안 됩니다. 막연한 미래의 변화도 기대할 수 없습니다. 넘어지고 실패했지만, 지금 여전히 예수님을 사랑하는지가 중요합니다. 그리고 그것이면 충분합니다. 예수님은 베드로에게 다시 사명을 주십니다. "내 양을 먹이라." "내 양을 치라." "내 양을 먹이라." 예수님은 제자를 부르실 때 그의 능력, 의지, 기질, 사회적 위치를 묻지 않으십니다. 하나님의 일은 사랑이면 충분합니다. 사랑이 끝까지 하나님의 일을 감당하게 합니다.

6명의 제자는 물고기를 잡으려 했지만 밤이 새도록 아무것도 잡지 못했습니다. 예수님 없는 인생은 빈 그물과 같습니다. 무엇인가 잡으려 노력하지만 결국 남는 것이 없습니다. 인생에 허무함이 찾아왔을 때가 예수님을 더욱 깊이 만날 때입니다. 예수님은 아직 우리를 포기하지 않으셨습니다. 사랑이면 다시 시작할 수 있습니다. 예수님을 더욱 사랑하고 따르는 가정이 되길 축복합니다.

📍 나눔

1. 나는 언제, 어떻게 하나님을 인격적으로 만났나요? 그때의 상황을 가족과 나눠 보세요.
2. 믿음의 길은 직선이 아니라 곡선입니다. 내려가기도 하고 돌아가기도 합니다. 믿음 생활에 어려움이 찾아올 때 어떻게 하면 회복할 수 있을지 가족과 나눠 보세요.

📍 기도

우리 가정을 포기하지 않으시는 하나님, 감사합니다. 하나님으로부터 시작된 믿음의 여정을 하나님이 주시는 힘으로 완주하는 가정이 되게 하소서. 어제보다 오늘 더욱 하나님을 사랑하는 가정이 되게 하소서. 사랑하는 예수님의 이름으로 기도합니다. 아멘.

📍 우리 가족 이번 주 미션

성령이 임하시다

7월 첫째 주

사도행전 2장 1-13절
찬송가 184장 불길 같은 주 성령

사도행전 2장 1-13절

1. 오순절 날이 이미 이르매 그들이 다같이 한 곳에 모였더니
2. 홀연히 하늘로부터 급하고 강한 바람 같은 소리가 있어 그들이 앉은 온 집에 가득하며
3. 마치 불의 혀처럼 갈라지는 것들이 그들에게 보여 각 사람 위에 하나씩 임하여 있더니
4. 그들이 다 성령의 충만함을 받고 성령이 말하게 하심을 따라 다른 언어들로 말하기를 시작하니라
5. 그 때에 경건한 유대인들이 천하 각국으로부터 와서 예루살렘에 머물러 있더니
6. 이 소리가 나매 큰 무리가 모여 각각 자기의 방언으로 제자들이 말하는 것을 듣고 소동하여
7. 다 놀라 신기하게 여겨 이르되 보라 이 말하는 사람들이 다 갈릴리 사람이 아니냐

8 우리가 우리 각 사람이 난 곳 방언으로 듣게 되는 것이 어찌 됨이냐
9 우리는 바대인과 메대인과 엘람인과 또 메소보다미아, 유대와 갑바도기아, 본도와 아시아,
10 브루기아와 밤빌리아, 애굽과 및 구레네에 가까운 리비야 여러 지방에 사는 사람들과 로마로부터 온 나그네 곧 유대인과 유대교에 들어온 사람들과
11 그레데인과 아라비아인들이라 우리가 다 우리의 각 언어로 하나님의 큰 일을 말함을 듣는도다 하고
12 다 놀라며 당황하여 서로 이르되 이 어찌 된 일이냐 하며
13 또 어떤 이들은 조롱하여 이르되 그들이 새 술에 취하였다 하더라

『믿음의 눈을 뜨라』라는 책에서 인도의 영적 부흥에 크게 쓰임 받은 존 하이드 선교사의 일화를 읽은 적이 있습니다. 존 하이드 선교사가 어느 집회에서 대표 기도를 할 때 성령이 소낙비처럼 쏟아졌습니다. 그는 단 세 마디로 기도했습니다. "오, 하늘에 계신 아버지." "오, 하늘에 계신 아버지." "오, 하늘에 계신 아버지." 이 짧은 말을 세 번 반복했을 때 영적 파도가 일어났습니다. 그 자리에 있던 사람은 그 순간을 이렇게 기억합니다. "그것은 마치 대양의 해일이 회중을 덮친 것 같았다. 폭풍에 숲의 나무들이 휘듯이 사람들의 마음이 하나님의 임재 앞에서 휘었다. 한 사람의 순종을 통해 대양과 같은 하나님의 사랑이 그들의 마음속으로 쏟아지는 순간이었다. 사람들의 마음이 부서졌다. 그들은 죄를 고백하며 눈물을 흘렸고, 그 눈물은 다시 기쁨으로 바뀌었다." 성령의 강력한 임재를 경험한 것입니다. 오늘 본문은 강력한 성령의 첫 번째 임재 사건을 기록하고 있습니다.

🔺 성령의 임재를 사모하라

예수님이 승천하신 이후에 120명의 성도가 마가의 다락방에 모여 있었습니다. "오순절 날이 이미 이르매 그들이 다같이 한 곳에 모였더니"(1절). 시간으로는 오전 9시입니다. 그런데 그때 성령님의 임재가 일어났습니다. 성령의 임재는 거부할 수 없는 명확한 임재였습니다. 먼저는 청각적으로 임했습니다. "홀연히 하늘로부터 급하고 강한 바람 같은 소리"(2절)가 있었습니다. 바람의 출발 지점은 하늘입니다. 하늘로부터 임하는 하나님의 호흡이 마가의 다락방을 가득 채운 것입니다. 두 번째는 시각적으로 임했습니다. "마치 불의 혀처럼 갈라지는 것들이 그들에게 보여"(3a절). 마치 모세가 시내산에서 보았던 불 같은 것이 각 사람의 머리에 내린 것입니다. 세 번째는 음성적으로 임했습니다. "성령이 말하게 하심을 따라 다른 언어들로 말하기"(4b절) 시작했습니다. 여기서 다른 언어는 알아들을 수 없는 언어가 아니라 명확한 타국의 언어였습니다. 성령의 임재는 부정할 수 없는 사건입니다. 부정할 수 없는 성령의 임재가 가득한 가정이 되길 축복합니다.

🔺 하나님의 큰일을 전파하라

120명의 성도가 각 나라의 말로 말하기 시작하자 세상이 반응을 보입니다. 첫 번째 반응은 놀람입니다. "다 놀라 신기하게 여겨"(7a절). 두 번째 반응은 어리둥절함입니다. "우리가 우리 각 사람이 난 곳 방언으로 듣게 되는 것이 어찌 됨이냐"(8절). 자신들의 지방 언어로 말하는 것을 보고 어리둥절해합니다. 120명이 사용하는 언어의 종류를 9절부터 11절까지 기록하고 있습니다. 이 사건은 마치 바벨탑 사건의 회복처럼 보입니다. 흩어진 언어가 하나로 모이는 현상과 같습니다. 세 번째 반응은 조롱입니다. "어떤 이들은 조롱하여 이르되 그들이 새 술에 취하였다 하더라"(13절). 세상은 성령에 대해서 모르기 때문에 이런 반응이 일어나는 것은 당연합니다. 하지만 우리는 성령의 임재를 간절히 사모합니다. 우리가 할 일은 각 나라의 언어로 하나님의 큰일을 선포하는 것입니다. "우리가 다 우리의 각 언어로 하나님의 큰 일을 말함을 듣는도다"(11b절). 성령 충만하여 하나님의 큰일을 선포하는 가정이 되길 바랍니다.

성령의 임재는 세상이 이해할 수 없는 일이지만 성도에게는 가장 확실한 사건입니다. 오늘도 성령의 강력한 임재를 사모해야 합니다. 우리 가정의 목소리로 하나님의 큰일을 외치길 축복합니다.

나눔

1. 성령의 충만한 임재를 경험했던 순간을 가족과 나눠 보세요.
2. 타국에 가서 복음을 전할 기회가 주어진다면 어느 나라에서 복음을 전하고 싶은지 가족과 나눠 보세요.

기도

하나님, 우리 가정에 충만히 임재하여 주소서. 부정할 수 없는 성령의 강력한 임재를 사모합니다. 우리 가정의 입술이 열려 하나님의 큰일을 전파하게 하소서. 우리와 함께하시는 예수님의 이름으로 기도합니다. 아멘.

우리 가족 이번 주 미션

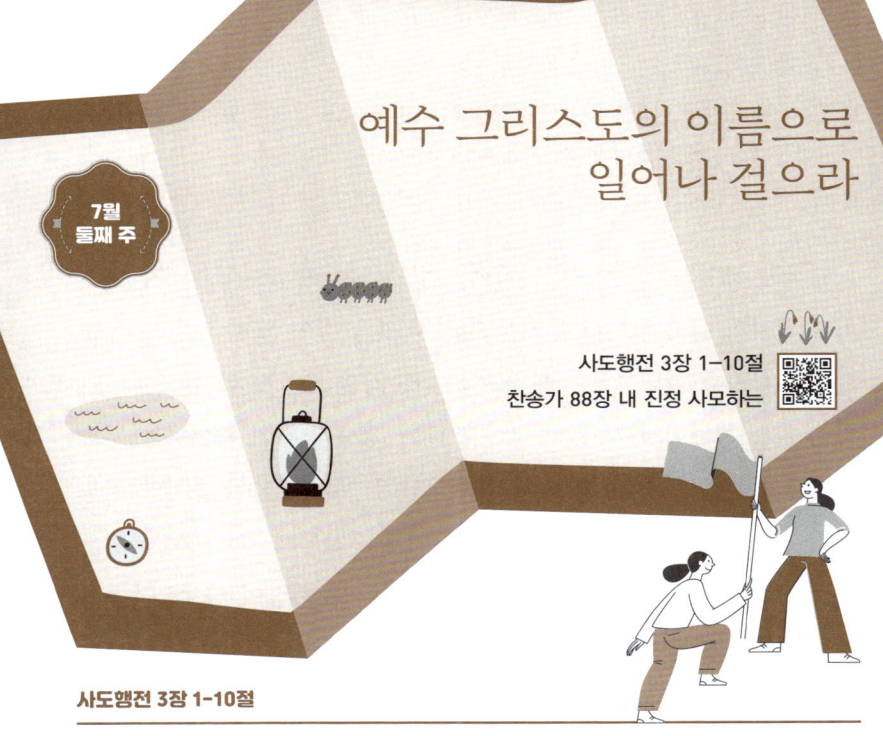

예수 그리스도의 이름으로 일어나 걸으라

7월 둘째 주

사도행전 3장 1-10절
찬송가 88장 내 진정 사모하는

사도행전 3장 1-10절

1. 제 구 시 기도 시간에 베드로와 요한이 성전에 올라갈새
2. 나면서 못 걷게 된 이를 사람들이 메고 오니 이는 성전에 들어가는 사람들에게 구걸하기 위하여 날마다 미문이라는 성전 문에 두는 자라
3. 그가 베드로와 요한이 성전에 들어가려 함을 보고 구걸하거늘
4. 베드로가 요한과 더불어 주목하여 이르되 우리를 보라 하니
5. 그가 그들에게서 무엇을 얻을까 하여 바라보거늘
6. 베드로가 이르되 은과 금은 내게 없거니와 내게 있는 이것을 네게 주노니 나사렛 예수 그리스도의 이름으로 일어나 걸으라 하고
7. 오른손을 잡아 일으키니 발과 발목이 곧 힘을 얻고
8. 뛰어 서서 걸으며 그들과 함께 성전으로 들어가면서 걷기도 하고 뛰기도 하며 하나님을 찬송하니
9. 모든 백성이 그 걷는 것과 하나님을 찬송함을 보고

10 그가 본래 성전 미문에 앉아 구걸하던 사람인 줄 알고 그에게 일어난 일로 인하여 심히 놀랍게 여기며 놀라니라

이국종 교수는 『골든아워 1』에서 이런 고백을 했습니다. "이제 나는 외과 의사의 삶이 얼마나 무거운 것인지 뼛속 깊이 느낀다. 그 무게는 환자를 살리고 회복시켰을 때 느끼는 만족감을 가볍게 뛰어넘는다. 터진 장기를 꿰매어 다시 붙여 놓아도 내가 생사에 깊이 관여하는 것은 거기까지다. 수술 후에 파열 부위가 아물어 가는 것은 수술적 영역을 벗어난 이야기이고, 나는 환자의 몸이 스스로 작동해 치유되는 과정을 기다려야만 한다." 즉, 의사라 할지라도 치유 과정의 일부분에 협조하는 것이지 치유를 일으킬 수는 없다는 것입니다. 이국종 교수는 의사로서 여기까지 말할 뿐이지만, 우리는 성도로서 치유를 누가 일으키는지 확실히 말할 수 있습니다. 온전한 치유는 하나님 안에서 일어납니다. 예수 이름에 치유의 능력이 있습니다.

예수 이름의 권세를 확신하라

베드로와 요한이 제 구 시에 기도하러 성전에 올라가고 있습니다. 가다 보니 나면서부터 못 걷는 사람이 성전 미문에 앉아 구걸을 하고 있었습니다. 이 사람은 걸을 수가 없으니 살기 위해서 누군가의 도움을 얻어야 했습니다. 도움을 얻기 위해서는 도움을 받기 쉬운 곳으로 가야 합니다. 성전 미문은 그런 의미에서 구걸하기에 최적의 장소였습니다.

강퍅한 사람도 성전을 오고 가는 가운데 마음이 부드러워지기 때문입니다. 베드로와 요한 역시 그가 구걸하는 것을 보았습니다. 그러고 나서 이렇게 외칩니다. "베드로가 이르되 은과 금은 내게 없거니와 내게 있는 이것을 네게 주노니 나사렛 예수 그리스도의 이름으로 일어나 걸으라 하고"(6절). 놀라운 점은 베드로가 달라졌다는 것입니다. 그는 일전에 한 여종 앞에서도 두려워하여 예수님을 모른다고 부인하던 사람입니다. 그런데 지금 베드로는 예수의 이름으로 일어나 걸으라고 외치고 있습니다. 베드로의 내면은 예수님으로 가득 차 있습니다. 베드로는 예수 이름의 권세를 확신한 것입니다. 그 확신으로 외치니 치유가 일어났습니다. 예수 이름의 권세를 확신하는 가정이 되길 바랍니다.

하나님을 찬양하는 삶을 살라

베드로와 요한에게서 얼마의 금전적 도움을 원했던 앉은뱅이는 갑자기 일어나게 되었습니다. "오른손을 잡아 일으키니 발과 발목이 곧 힘을 얻고"(7절). 어떻게 보면 베드로의 손에 이끌려 몸이 올라왔는데 발과 발목에 힘이 들어간 것입니다. 그런 다음 뛰어 서서 걷게 되었습니다. 순식간에 일어난 일입니다. 평생을 고민한 일이 예수 이름의 능력으로 한순간에 해결되었습니다. 그렇게 열리지 않던 자물쇠가 딱 맞는 열쇠를 만나면 자연스럽게 열립니다. 우리가 겪는 문제가 무엇이든지 간에 예수 이름의 권세로 한순간에 해결됩니다. 평생에 처음 걷게 된 앉은뱅이가 두 다리로 가장 먼저 들어간 곳은 성전입니다. 그는 뛰면서 하나님을 찬양합니다. "성전으로 들어가면서 걷기도 하고 뛰기도 하며 하나님을 찬송하니"(8b절). 이제 이 사람의 다리는 저주받은 다리가 아니라 하나님을 찬양하는 다리가 되었습니다. 이 다리를 본 사람마다 예수 이름의 권세의 놀라움을 보게 될 것입니다. 우리 가정의 문제가 변하여 하나님을 찬양하는 증거가 되길 바랍니다. 치유의 목적은 하나님 찬양입니다.

예수 이름에 능력이 있습니다. 문제는 우리의 심령이 예수님으로 가득 차야 한다는 것입니다. 주술적으로 예수 이름을 부른다고 문제가 해결되는 것이 아니라, 베드로처럼 예수님으로 전 존재가 가득 차야 합니다. 예수 이름의 능력으로 문제가 해결되고, 기쁨으로 하나님을 찬양하는 가정이 되길 축복합니다.

📍 나눔

1. 나는 예수 이름의 권세와 능력을 확신하나요? 예수 이름으로 이겨 내야 할 일이 있다면 가족과 나눠 보세요.
2. 예수 이름의 권세로 문제가 해결되어 하나님을 찬양했던 경험이 있다면 가족과 나눠 보세요.

📍 기도

하나님, 베드로와 요한의 믿음을 우리 가정에 주소서. 은과 금은 없더라도 예수님으로 충만한 가정이 되길 원합니다. 예수 이름으로 사람을 일으켜 세우는 가정이 되게 하소서. 능력이 많으신 예수님의 이름으로 기도합니다. 아멘.

📍 우리 가족 이번 주 미션

부흥하는 교회의 특징

7월 셋째 주

사도행전 4장 32-37절
찬송가 207장 귀하신 주님 계신 곳

사도행전 4장 32-37절

32 믿는 무리가 한마음과 한 뜻이 되어 모든 물건을 서로 통용하고 자기 재물을 조금이라도 자기 것이라 하는 이가 하나도 없더라
33 사도들이 큰 권능으로 주 예수의 부활을 증언하니 무리가 큰 은혜를 받아
34 그 중에 가난한 사람이 없으니 이는 밭과 집 있는 자는 팔아 그 판 것의 값을 가져다가
35 사도들의 발 앞에 두매 그들이 각 사람의 필요를 따라 나누어 줌이라
36 구브로에서 난 레위족 사람이 있으니 이름은 요셉이라 사도들이 일컬어 바나바라(번역하면 위로의 아들이라) 하니
37 그가 밭이 있으매 팔아 그 값을 가지고 사도들의 발 앞에 두니라

모든 교회와 성도는 부흥을 꿈꿉니다. 그렇다면 부흥이란 무엇일까요? 나라와 인종, 시대와 교단을 뛰어넘는 부흥의 특징은 무엇일까요? 마틴 로이드 존스는 『부흥』에서 "부흥은 일차적으로 교회를 소생시키기 위함이다. 그다음에는 바깥 세상의 관심을 끌어 사람들이 인도함을 받아 구원을 받게 하려는 것이다"라고 했습니다. 부흥에는 두 가지 측면, 즉 내적 변화와 외적 변화가 있다는 말입니다.

부흥이란 내적으로 하나 되는 것이다

유대인의 사회는 혈연 중심 사회입니다. 먼저 유대인들은 아브라함의 자손이라는 남다른 자부심이 있었습니다. 그들은 야곱 이후에 열두 지파로 나뉘었는데, 각 지파는 혈연으로 하나 된 공동체로서 개인과 공동체의 구분이 없을 정도로 하나였습니다. 그런데 놀라운 일이 일어났습니다. "믿는 무리가 한마음과 한 뜻이 되어"(32a절). 공동체 안에 다양한 사람이 모여 있었습니다. 그런데 이들이 한마음과 한뜻이 되었다고 합니다. 때로는 가족도 하나 되기가 쉽지 않습니다. 전쟁에서 적을 물리치는 것보다 같은 편끼리 하나 되는 것이 더 어려울 때가 있습니다. 역사상 수많은 교회가 한때 부흥했으나 하나 되지 못해서 무너졌습니다. 하나 됨이 얼마나 중요한지 예수님 역시 십자가를 지시기 전에 하나 됨을 위한 기도를 하셨습니다. "아버지여, 아버지께서 내 안에, 내가 아버지 안에 있는 것 같이 그들도 다 하나가 되어 우리 안에 있게 하사 세상으로 아버지께서 나를 보내신 것을 믿게 하옵소서"(요 17:21). 부흥은 공동체가 한마음과 한뜻이 되는 것입니다.

부흥이란 외적으로 사람을 살리는 것이다

하나 된 초대교회는 사람을 살리는 사역을 합니다. 한마음이 되어 모든 물건을 통용하고 자기 재물을 조금이라도 자기 것이라 하는 이가 없었습니다(32절). '지갑이 회개해야 진정한 회개다'라는 말이 있습니다. 맘몬이 지배하는 시대에 가장 큰 가치는 돈이기 때문에, 물질관의 변화는 사람의 변화를 의미합니다. 예수님도 "네 보물이 있는 그 곳에는 네 마음도 있느니라"(마 6:21)라고 하셨습니다. 초대교회 부흥의 표식 중에 가장 두드러지는 것은 물질관의 변화였습니다. 자신의 물질을 공동체를 살리는 데 사용한 것입니다. "그 중에 가난한 사람이 없으니 이는 밭과 집 있는 자는 팔아 그 판 것의 값을 가져다가"(34절). 정말 놀라운 일이 아닐 수 없습니다. 가난한 자가 없었다는 말은 단지 물질적인 측면만을 말하는 것이 아닙니다. 자신을 위해서 귀한 물질을 내놓는 공동체를 만날 때 사람은 살아납니다. 사람을 살리는 가정이 되길 축복합니다.

부흥이 일어날 때 눈에 보이는 현상도 많이 일어납니다. 하지만 아무리 거대한 일을 해도 하나 되지 않았다면 부흥이 아닙니다. 아무리 화려한 사역을 해도 사람을 살리지 못했다면 부흥이 아닙니다. 우리를 통해 진정한 부흥이 일어나길 소망합니다. 우리 가정이 먼저 하나 되어, 사람을 살리는 부흥이 일어나길 축복합니다.

📍 나눔

1. 내가 공동체와 하나 되어 의미 있는 일을 한 적이 있다면 그 내용을 가족과 나눠 보세요.
2. 어떤 사람을 살리거나, 살맛 나게 도움을 준 경험이 있나요? 그 내용을 가족과 나눠 보세요.

📍 기도

하나님, 뜨거운 부흥을 경험하길 원합니다. 책을 통해 과거의 부흥을 간접적으로 경험하는 것이 아니라, 살아 있는 동안 생생하게 경험하길 원합니다. 우리 가정에서부터 부흥을 경험케 하소서. 부흥을 주시는 예수님의 이름으로 기도합니다. 아멘.

📍 우리 가족 이번 주 미션

제자의 두 마디 외침

7월 넷째 주

사도행전 5장 17-32절
찬송가 338장 내 주를 가까이 하게 함은

사도행전 5장 17-32절

17 대제사장과 그와 함께 있는 사람 즉 사두개인의 당파가 다 마음에 시기가 가득하여 일어나서
18 사도들을 잡아다가 옥에 가두었더니
19 주의 사자가 밤에 옥문을 열고 끌어내어 이르되
20 가서 성전에 서서 이 생명의 말씀을 다 백성에게 말하라 하매
21 그들이 듣고 새벽에 성전에 들어가서 가르치더니 대제사장과 그와 함께 있는 사람들이 와서 공회와 이스라엘 족속의 원로들을 다 모으고 사람을 옥에 보내어 사도들을 잡아오라 하니
22 부하들이 가서 옥에서 사도들을 보지 못하고 돌아와
23 이르되 우리가 보니 옥은 든든하게 잠기고 지키는 사람들이 문에 서 있으되 문을 열고 본즉 그 안에는 한 사람도 없더이다 하니
24 성전 맡은 자와 제사장들이 이 말을 듣고 의혹하여 이 일이 어찌 될까 하더니

25 사람이 와서 알리되 보소서 옥에 가두었던 사람들이 성전에 서서 백성을 가르치더이다 하니
26 성전 맡은 자가 부하들과 같이 가서 그들을 잡아왔으나 강제로 못함은 백성들이 돌로 칠까 두려워함이더라
27 그들을 끌어다가 공회 앞에 세우니 대제사장이 물어
28 이르되 우리가 이 이름으로 사람을 가르치지 말라고 엄금하였으되 너희가 너희 가르침을 예루살렘에 가득하게 하니 이 사람의 피를 우리에게로 돌리고자 함이로다
29 베드로와 사도들이 대답하여 이르되 사람보다 하나님께 순종하는 것이 마땅하니라
30 너희가 나무에 달아 죽인 예수를 우리 조상의 하나님이 살리시고
31 이스라엘에게 회개함과 죄 사함을 주시려고 그를 오른손으로 높이사 임금과 구주로 삼으셨느니라
32 우리는 이 일에 증인이요 하나님이 자기에게 순종하는 사람들에게 주신 성령도 그러하니라 하더라

　사도행전은 다른 말로 '제자 행전'이라고 할 수 있습니다. 사도행전은 예수님의 승천 이후에 제자들을 통한 복음 행전을 기록하고 있습니다. 사도행전 5장까지 오면서 교회는 흥분될 만큼 부흥했습니다. 그런데 큰 부흥만큼이나 큰 핍박도 함께 왔습니다. "대제사장과 그와 함께 있는 사람 즉 사두개인의 당파가 다 마음에 시기가 가득하여 일어나서 사도들을 잡아다가 옥에 가두었더니"(17-18절). 아이들이 성장통을 겪으며 성장하듯이, 교회 역시 성장하기 위한 고통이 있습니다. 제자로 살아가다 고통을 만날 때 우리는 어떻게 반응해야 할까요?

🔖 사람보다 하나님께 순종하는 것이 마땅하다

사도들은 복음을 전하다가 시기를 받아 옥에 갇혔습니다. 사도들을 시기하던 사람들은 이제 문제가 해결된 줄 알았습니다. 그런데 사도들은 감옥에서 도리어 놀라운 간증 거리를 하나 더 갖게 되었습니다. "주의 사자가 밤에 옥문을 열고 끌어내어 이르되"(19절). 주의 사자가 아무도 모르게 사도들을 옥에서 탈출시킨 것이었습니다. 사도들은 옥문을 나가자마자 주의 사자의 말씀을 따라 생명의 말씀을 더욱 힘 있게 전합니다. 그리고 또다시 공회 앞에 끌려옵니다(27절). 이것이 제자들의 삶이었습니다. 제자의 삶에서 고통은 그림자와 같습니다. 늘 함께합니다. 대제사장은 이런 사도들의 삶이 이해되지 않았습니다. 복음을 전하면 옥에 갇히고 고통을 받는데 왜 자꾸 복음을 전하는지 이해되지 않았습니다. 그 의문에 대한 사도들의 대답은 명료합니다. "사람보다 하나님께 순종하는 것이 마땅하니라"(29b절). 제자로 살아가는 중에 하나님이 고난을 주셨다면 고난당하는 것이 성공입니다. 제자는 사람이 아닌 하나님께 순종하는 사람입니다.

🔖 우리는 이 일에 증인이다

대제사장은 사도들을 끌고 와서 왜 예수를 죽인 죄를 우리에게 뒤집어씌우려 하느냐고 심문합니다(28절). 이때 사도들은 조금도 망설임이 없이 "우리는 이 일에 증인이요"(32a절)라고 외칩니다. 사도들은 세 가지 일에 있어서 증인이었습니다. 첫 번째는 십자가에 달리신 예수님에 대한 증인입니다. "너희가 나무에 달아 죽인 예수를"(30a절). 두 번째는 부활하신 예수님에 대한 증인입니다. "우리 조상의 하나님이 살리시고"(30b절). 세 번째는 구원자 예수님에 대한 증인입니다. "이스라엘에게 회개함과 죄 사함을 주시려고 그를 오른손으로 높이사 임금과 구주로 삼으셨느니라"(31절). 증인은 사건을 직접 보고 경험한 사람입니다. 직접 본 증인에게 누군가가 그것은 사실이 아니라고 하면 증인들은 더욱 소리 높여 우리가 이 일의 증인이라고 할 것입니다. 제자는 지식과 정보를 갖고 있는 사람이 아니라 증인입니다. 증인으로 살고 있나요? 예수님에 대해서 증인 되는 가정이 되길 축복합니다.

제자는 확신을 가지고 이 두 마디를 외쳐야 합니다. '사람보다 하나님께 순종하는 것이 마땅하다.' '우리는 이 일의 증인이다.' 이 두 외침에 대해서 확신이 있다면 우리 역시 오늘 제자 행전의 역사에 동참하게 될 것입니다.

📍 나눔

1. 사람보다 하나님께 순종했던 경험이 있다면 가족과 나눠 보세요.
2. 나는 사도들이 경험한 세 가지 일에 대한 증인인가요? 이 부분에 대해 가족과 나눠 보세요.

📍 기도

하나님, 우리 가정이 흘러가는 시간 속에서 그냥 사는 것이 아니라 제자 행전에 동참하길 원합니다. 사람의 눈치를 보지 않게 하시고, 예수님의 증인이 되어 생명의 말씀을 전파하는 가정이 되게 하소서. 구원자이신 예수님의 이름으로 기도합니다. 아멘.

📍 우리 가족 이번 주 미션

하늘이 열리다

8월 첫째 주

사도행전 7장 54-60절
찬송가 191장 내가 매일 기쁘게

사도행전 7장 54-60절

54 그들이 이 말을 듣고 마음에 찔려 그를 향하여 이를 갈거늘
55 스데반이 성령 충만하여 하늘을 우러러 주목하여 하나님의 영광과 및 예수께서 하나님 우편에 서신 것을 보고
56 말하되 보라 하늘이 열리고 인자가 하나님 우편에 서신 것을 보노라 한대
57 그들이 큰 소리를 지르며 귀를 막고 일제히 그에게 달려들어
58 성 밖으로 내치고 돌로 칠새 증인들이 옷을 벗어 사울이라 하는 청년의 발 앞에 두니라
59 그들이 돌로 스데반을 치니 스데반이 부르짖어 이르되 주 예수여 내 영혼을 받으시옵소서 하고
60 무릎을 꿇고 크게 불러 이르되 주여 이 죄를 그들에게 돌리지 마옵소서 이 말을 하고 자니라

스데반은 은혜와 권능이 충만한 초대교회의 집사였습니다(행 6:8). 그는 지혜와 성령이 충만해서 복음과 관련된 논쟁에서 누구에게도 지지 않았습니다(행 6:10). 신학적 논쟁의 달인이라면 그의 얼굴이 어땠을까요? 굳고 경직된 얼굴이었을까요? 그의 얼굴은 천사의 얼굴과 같았다고 합니다(행 6:15). 정말 꼭 한번 만나 보고 싶은 집사입니다. 그런데 지금 스데반 집사 위로 하늘이 열렸습니다. 어떤 상황에서 하늘이 열렸나요?

성령이 충만할 때 하늘이 열리다

스데반이 담대히 예수 그리스도의 십자가와 부활을 전하자 대제사장이 "이것이 사실이냐"(행 7:1b)라고 묻습니다. 그 물음에 대한 답변이 사도행전 7장 2절부터 53절까지 이어집니다. 이때 스데반이 전하는 복음을 듣는 사람들의 얼굴이 일그러졌습니다. 그리고 스데반을 향해서 이를 갈았습니다(54절). 스데반이 얼마나 싫었으면 이를 갈았을까요. 나를 둘러싼 사람들이 나를 향해서 이를 갈고 있다면 마음이 굉장히 힘들 것입니다. 그런데 스데반은 그 순간에 환경의 지배를 받는 것이 아니라 성령의 지배를 받았습니다. "스데반이 성령 충만하여 하늘을 우러러 주목하여 하나님의 영광과 및 예수께서 하나님 우편에 서신 것을 보고 말하되 보라 하늘이 열리고 인자가 하나님 우편에 서신 것을 보노라 한대"(55-56절). 본문에 '보다'라는 단어가 세 번 등장합니다. '보고' '보라' '보노라.' 성령이 충만할 때 보이는 하늘이 있습니다. 같은 공간에 있다고 다 보는 것이 아닙니다. 성령이 충만하면 하늘이 열리고 하늘과 가까워지고 하늘의 지배를 받게 됩니다. 성령 충만한 가정이 되길 축복합니다.

복음을 위한 고통의 순간에 하늘이 열리다

　복음을 위해 받는 고통의 순간에 하나님은 그 고통을 이길 힘을 주십니다. 그 힘이 바로 하늘이 열리고 하나님의 영광과 예수 그리스도를 보는 것입니다. 복음을 위해 살아가는 사람에게 이보다 더 큰 힘과 위로는 없습니다. 스데반은 복음이 아니면 고통을 받을 일이 없는 사람입니다. 군중이 스데반의 말에 흥분한 결정적인 이유는 스데반이 열린 하늘을 통해 "인자가 하나님 우편에 서신 것을 보노라"(56b절)라고 외쳤기 때문입니다. 이 말은 유대인들이 죄인이라며 십자가에 매달아 죽였던 예수님이 구약에서 예언한 메시아이며 부활하셨다는 말이기 때문입니다. 이 말은 들은 사람들은 흥분하여 날뛰기 시작합니다. "그들이 큰 소리를 지르며 귀를 막고 일제히 그에게 달려들어 성 밖으로 내치고 돌로 칠새"(57-58a절). 결국 스데반은 돌에 맞아 순교하게 됩니다. 그런데 순교하는 순간에도 스데반은 성령 충만했습니다. 스데반은 죽기 직전에 다음과 같이 말합니다. "무릎을 꿇고 크게 불러 이르되 주여 이 죄를 그들에게 돌리지 마옵소서 이 말을 하고 자니라"(60절). 자신을 죽이는 사람들을 위해 기도한 것입니다. 성령 충만하지 않고는 절대로 할 수 없는 기도입니다. 복음을 위해 고통받는 순간에 하늘이 열리고 하늘의 위로를 받게 됩니다.

우리 가정 위에 하늘이 열리는 축복이 있기를 바랍니다. 성령 충만할 때 하늘이 열립니다. 복음을 위한 고통의 순간에 하늘이 열립니다. 이 때가 성도가 이 땅에서 받을 수 있는 최고로 영광스러운 순간입니다.

♀ 나눔

1. 성령 충만할 때 어떤 일들이 일어나나요? 내가 경험한 성령 충만의 사건을 가족과 나눠 보세요.
2. 복음 때문에 고난을 당한 적이 있나요? 그때 어떤 위로가 있었는지 가족과 나눠 보세요.

♀ 기도

하나님, 우리 가정 위로 하늘이 열리는 경험을 하길 원합니다. 환경의 지배를 받는 가정이 아니라 하늘의 지배를 받는 가정이 되게 하소서. 이 땅에서의 마지막 순간에 가장 성령 충만한 가정이 되게 하소서. 사랑하는 예수님의 이름으로 기도합니다. 아멘.

♀ 우리 가족 이번 주 미션

성령님께 이끌리는 삶

8월 둘째 주

사도행전 8장 26-40절
찬송가 302장 내 주 하나님 넓고 큰 은혜는

사도행전 8장 26-40절

26 주의 사자가 빌립에게 말하여 이르되 일어나서 남쪽으로 향하여 예루살렘에서 가사로 내려가는 길까지 가라 하니 그 길은 광야라

27 일어나 가서 보니 에디오피아 사람 곧 에디오피아 여왕 간다게의 모든 국고를 맡은 관리인 내시가 예배하러 예루살렘에 왔다가

28 돌아가는데 수레를 타고 선지자 이사야의 글을 읽더라

29 성령이 빌립더러 이르시되 이 수레로 가까이 나아가라 하시거늘

30 빌립이 달려가서 선지자 이사야의 글 읽는 것을 듣고 말하되 읽는 것을 깨닫느냐

31 대답하되 지도해 주는 사람이 없으니 어찌 깨달을 수 있느냐 하고 빌립을 청하여 수레에 올라 같이 앉으라 하니라

32 읽는 성경 구절은 이것이니 일렀으되 그가 도살자에게로 가는 양과 같이 끌려갔고 털 깎는 자 앞에 있는 어린 양이 조용함과 같이 그의 입을 열지 아니하였도다

33 그가 굴욕을 당했을 때 공정한 재판도 받지 못하였으니 누가 그의 세대를 말하리요 그의 생명이 땅에서 빼앗김이로다 하였거늘
34 그 내시가 빌립에게 말하되 청컨대 내가 묻노니 선지자가 이 말한 것이 누구를 가리킴이냐 자기를 가리킴이냐 타인을 가리킴이냐
35 빌립이 입을 열어 이 글에서 시작하여 예수를 가르쳐 복음을 전하니
36 길 가다가 물 있는 곳에 이르러 그 내시가 말하되 보라 물이 있으니 내가 세례를 받음에 무슨 거리낌이 있느냐
37 (없음)
38 이에 명하여 수레를 멈추고 빌립과 내시가 둘 다 물에 내려가 빌립이 세례를 베풀고
39 둘이 물에서 올라올새 주의 영이 빌립을 이끌어간지라 내시는 기쁘게 길을 가므로 그를 다시 보지 못하니라
40 빌립은 아소도에 나타나 여러 성을 지나 다니며 복음을 전하고 가이사랴에 이르니라

성경을 보면 사람들이 살아가는 삶의 형태를 두 가지로 구분할 수 있습니다. 자신이 이끄는 삶과 성령님께 이끌리는 삶입니다. 이는 인생을 끄는 힘의 중심이 자신에게 있는가, 아니면 성령님께 있는가로 구분됩니다. 자신이 이끄는 삶은 '자기가 신' 된 삶입니다. 그 결과는 심판입니다. 하지만 성령님께 이끌리는 삶은 '기적의 연속'입니다. 성령님은 기적을 일으키시는 분이기 때문입니다. 오늘 본문은 성령님께 이끌림을 받았던 빌립 집사를 소개하고 있습니다. 빌립의 삶은 어떤 모습인가요?

🔼 안정된 곳을 떠나 광야로 가다

　빌립은 예루살렘 교회의 7명의 평신도 지도자 중 한 명이었습니다. 빌립은 예루살렘 교회에 핍박이 일어나자 사마리아성으로 가서 복음을 전했습니다. 결과는 놀라웠습니다. 더러운 귀신들이 나가고 중풍병자와 못 걷는 사람이 걷게 되었습니다. 사마리아성에 큰 기쁨이 임했습니다. 심지어는 마술사 시몬까지도 예수님을 받아들이고 세례를 받았습니다(행 8:6-13). 빌립을 통해서 사마리아 전도의 문이 활짝 열린 것입니다. 이때 주의 사자가 빌립에게 말을 합니다. "일어나서 남쪽으로 향하여 예루살렘에서 가사로 내려가는 길까지 가라"(26절). 대단한 곳인 것 같지만, 한마디로 광야로 가라는 것입니다. 빌립은 예루살렘 핍박을 피해 이곳에 와서 이제 안정된 사역을 하게 되었습니다. 그가 전한 복음으로 예수님을 믿게 된 사람들을 양육도 해야 합니다. 그런데 하나님의 사자가 사람이 없는 광야로 가라고 합니다. 때로는 하나님이 하시는 일이 비효율적으로 보일 때가 있습니다. 훈수를 두고 싶을 때가 있습니다. 하지만 빌립은 군소리가 없습니다. 바로 광야로 갑니다. 성령님께 이끌림을 받는 사람은 효율과 비용을 계산하지 않습니다. 성령님께 이끌리는 것 자체를 즐거워합니다.

🔼 이끌림을 받은 곳에서 복음을 전하다

　빌립은 광야에 홀로 서 있습니다. 그런데 마침 그곳을 지나가는 에디오피아 여왕 간다게의 모든 국고를 맡은 관리인 내시를 만나게 됩니다(27절). 그냥 내시가 아니라 경제를 맡은 고위 관리입니다. 그는 수레를 타고 이동하면서 이사야의 글을 읽고 있었습니다. 빌립은 그를 보고 "읽는 것을 깨닫느냐"(30절)라고 묻습니다. 에디오피아 내시는 지도해 주는 사람이 없어서 깨닫지 못한다고 말합니다. 그가 읽은 책은 이사야 53장 7-8절 내용이었습니다. 어린양 되시는 예수님에 대해서 예언하는 본문으로서 복음의 핵심을 기록한 성경 구절입니다. 빌립은 그에게 성경을 해석해 주고 예수를 가르쳐 복음을 전합니다(35절). 그리고 가던 길 중에 그에게 세례를 베풉니다(38절). 그런 다음 다시 주의 영을 따라 아소도에 가서 여러 성을 지나며 복음을 전합니다(39-40절). 많은 학자가 에디오피아로 돌아간 내시가 교회를 설립했을 것이라고 합니다. 빌립은 성령님의 이끌림을 받은 곳이 어디든지 간에 그곳에서 복음을 전했습니다. 성령님께 이끌림을 받으면서 복음을 전하는 삶이 가장 행복한 삶입니다. 우리 가정을 중심으로 사방에 복음이 전파되길 소원합니다.

성령님의 이끌림을 받는 삶이 불안해 보일 수 있습니다. 때로는 안정된 곳을 떠나야 하고, 계획이 없는 것처럼 보일 수도 있습니다. 하지만 성령님께 이끌린 사람은 그 삶의 가치를 잘 알고 있습니다. 약하지만 강하고, 아무것도 없는 것 같지만 모든 것을 다 가졌고, 가장 안전한 삶입니다.

📍 나눔

1. 성령님의 이끄심을 경험한 적이 있다면 가족과 나눠 보세요.
2. 성령님께서 강권하셔서 누군가에게 복음을 전한 경험이 있다면 그때의 경험을 가족과 나눠 보세요.

📍 기도

하나님, 우리 가정이 하나님께 이끌림을 받는 가정이 되길 원합니다. 우리 가정의 모든 주도권을 하나님께 드립니다. 우리 가정을 이끄시고 복음을 위해서 사용하소서. 우리 가정을 인도하시는 예수님의 이름으로 기도합니다. 아멘.

📍 우리 가족 이번 주 미션

빛을 만나다

8월 셋째 주

사도행전 9장 1-9절
찬송가 310장 아 하나님의 은혜로

사도행전 9장 1-9절

1. 사울이 주의 제자들에 대하여 여전히 위협과 살기가 등등하여 대제사장에게 가서
2. 다메섹 여러 회당에 가져갈 공문을 청하니 이는 만일 그 도를 따르는 사람을 만나면 남녀를 막론하고 결박하여 예루살렘으로 잡아오려 함이라
3. 사울이 길을 가다가 다메섹에 가까이 이르더니 홀연히 하늘로부터 빛이 그를 둘러 비추는지라
4. 땅에 엎드러져 들으매 소리가 있어 이르시되 사울아 사울아 네가 어찌하여 나를 박해하느냐 하시거늘
5. 대답하되 주여 누구시니이까 이르시되 나는 네가 박해하는 예수라
6. 너는 일어나 시내로 들어가라 네가 행할 것을 네게 이를 자가 있느니라 하시니
7. 같이 가던 사람들은 소리만 듣고 아무도 보지 못하여 말을 못하고 서 있더라
8. 사울이 땅에서 일어나 눈은 떴으나 아무 것도 보지 못하고 사람의 손에 끌려 다

메섹으로 들어가서
9   사흘 동안 보지 못하고 먹지도 마시지도 아니하니라

사도행전에서 가장 중요한 구절 하나를 꼽으라면, 사도행전 1장 8절일 것입니다. "오직 성령이 너희에게 임하시면 너희가 권능을 받고 예루살렘과 온 유대와 사마리아와 땅 끝까지 이르러 내 증인이 되리라 하시니라." 복음이 예루살렘으로부터 땅끝까지 퍼져 간다는 약속의 말씀입니다. 이 말씀 그대로 사도들을 통해 예루살렘과 유대 땅에 복음이 전해졌고, 빌립 집사를 통해서 사마리아에 복음이 전해졌습니다. 이제 이방 땅에 복음이 전해져야 하는데, 하나님은 사울을 통해서 그 일을 이루십니다. 어둠 속에 있던 사울이 빛을 만나자 땅끝까지 복음을 전하는 도구로 쓰임받습니다. 빛을 만나면 인생의 방향이 바뀝니다.

어둠이 걷히다

인생의 속도보다 중요한 것은 방향입니다. 인생의 방향이 잘못되면 속도를 내면 낼수록 잘못된 방향으로 치닫습니다. 사울은 예수 믿는 사람을 잡아 죽이기 위해 속도를 내고 있습니다. 그것이 옳은 방향이라고 생각했습니다. 다메섹을 통과하는 길을 달리면서도 그 생각뿐이었습니다. 그런데 하늘로부터 내리는 강력한 빛을 만났습니다. "사울이 길을 가다가 다메섹에 가까이 이르더니 홀연히 하늘로부터 빛이 그를 둘러 비추는지라"(3절). 이 '빛'의 원어는 '포스'라는 단어로, 요한복음 1장

에서 예수님을 빛으로 표현할 때 사용된 단어와 동일합니다. 사울이 예수님을 만난 것입니다. 이런 일은 사울의 계획 속에 없었습니다. 예수님이 사울의 삶 속으로 파고드신 것입니다. 사울은 순간 아무것도 보지 못하게 됩니다(8절). 어둠 속에 있다가 강한 빛을 만나면 눈을 뜰 수도 없고 떠도 아무것도 보이지 않듯이 사울은 순간 앞을 보지 못했습니다. 하지만 그 순간 어둠이 걷히고 사울은 진짜 세상을 보게 됩니다. 성령의 감동으로 쓴 에베소서에서는 다음과 같이 말합니다. "너희가 전에는 어둠이더니 이제는 주 안에서 빛이라 빛의 자녀들처럼 행하라"(엡 5:8). 예수님을 만나면 어둠이 걷히고 진짜 세상이 보입니다.

길이 보이다

사울은 자신이 누구보다 진리를 알고 있고, 바른 인생을 살고 있다고 확신했습니다. 그 확신이 얼마나 강한지 사람을 죽이고도 죄의식이 없을 정도였습니다. 이것이 진리에 대해서 무지한 사람의 모습입니다. 진리에 대해서 무지하면 자신뿐만 아니라 타인의 삶까지 무너뜨릴 수 있습니다. 어둠 속에서 날뛰던 사울에게 빛이 임하자 사울은 땅바닥에 고꾸라집니다. "땅에 엎드러져 들으매 소리가 있어 이르시되 사울아 사울아 네가 어찌하여 나를 박해하느냐 하시거늘"(4절). 사울은 본문의 사건을 사도행전 22장에서 다시 한번 언급합니다. 이때 사울은 예수님에게 두 가지 질문을 합니다. 첫 번째 질문은 "주님 누구시니이까"(행 22:8)이고, 두 번째 질문은 "주님 무엇을 하리이까"(행 22:10)입니다. 참

빛이신 예수님을 만나면 새로운 길이 보이기 시작합니다. 빛 하나 없는 산길을 걷는 것은 공포입니다. 하지만 해가 뜨고 길이 보이면 즐기며 등산할 수 있습니다. 예수님을 만나면 길이 보입니다.

우리는 모두 죄로 인해서 어둠에 갇혀 있었습니다. 하지만 빛이신 예수님께서 우리의 어둠을 거두시고 살길을 보여 주셨습니다. 세상 사람들이 추구하는 넓은 길이 아니라 예수님이 보여 주신 좁은 길이 살길입니다. 생명으로 인도하는 길을 담대히 걸어가는 가정이 되길 축복합니다.

📍 나눔

1. 나의 인생의 방향과 속도는 어떠한지 가족과 나눠 보세요.
2. 어둠 속에 있다가 빛이신 예수님을 만난 경험이 있다면 가족과 나눠 보세요.

📍 기도

빛이신 예수님, 우리 가정을 환히 비춰 주소서. 우리 가정의 모든 어둠을 물리쳐 주시고 바른길로 인도하소서. 예수님을 향하여 믿음의 길을 걷는 가정이 되게 하소서. 빛이신 예수님의 이름으로 기도합니다. 아멘.

📍 우리 가족 이번 주 미션

실천적 경건

8월 넷째 주

사도행전 10장 1-8절
찬송가 499장 흑암에 사는 백성들을 보라

사도행전 10장 1-8절

1 가이사랴에 고넬료라 하는 사람이 있으니 이달리야 부대라 하는 군대의 백부장이라
2 그가 경건하여 온 집안과 더불어 하나님을 경외하며 백성을 많이 구제하고 하나님께 항상 기도하더니
3 하루는 제 구 시쯤 되어 환상 중에 밝히 보매 하나님의 사자가 들어와 이르되 고넬료야 하니
4 고넬료가 주목하여 보고 두려워 이르되 주여 무슨 일이니이까 천사가 이르되 네 기도와 구제가 하나님 앞에 상달되어 기억하신 바가 되었으니
5 네가 지금 사람들을 욥바에 보내어 베드로라 하는 시몬을 청하라
6 그는 무두장이 시몬의 집에 유숙하니 그 집은 해변에 있다 하더라
7 마침 말하던 천사가 떠나매 고넬료가 집안 하인 둘과 부하 가운데 경건한 사람 하나를 불러

19세기에 살았던 경건한 사람으로 로버트 머리 맥체인이 있습니다. 그가 얼마나 경건한 사람이었는지, 그가 강단에 서면 첫마디를 꺼내기 전부터 사람들이 조용히 울기 시작했다고 합니다. 왜냐하면 그의 삶과 신앙에 대한 진지함 때문이었습니다. 사람들은 그의 모습만 보아도 하나님의 존전에 왔다는 인상을 받았으며, 하나님께서 그를 통해서 자신들에게 메시지를 주실 것이라는 느낌을 받았다고 합니다. 우리는 경건한 사람이 그리운 시대에 살고 있습니다. 오늘 본문의 고넬료 역시 경건한 사람이었습니다. 고넬료 가정의 모습이 우리 가정에도 도전이 되길 소망합니다.

경건이란 삶 전반에 대한 태도다

경건이란 삶의 특정한 행동 양식이 아니라 삶 전반에 대한 태도입니다. 디모데전서에서는 경건의 유익에 대해서 언급합니다. "육체의 연단은 약간의 유익이 있으나 경건은 범사에 유익하니 금생과 내생에 약속이 있느니라"(딤전 4:8). 운동이 몸을 건강하게 하듯이, 경건은 인생 전체를 이롭게 합니다. 경건한 사람은 하나님 안에서만 만족을 찾기에 하나님이 그의 온 삶을 주관하십니다. 경건한 삶은 하나님을 드러내기에 주변에 선한 영향을 미치게 됩니다. 고넬료의 경건은 그의 가정에 선한 영향을 미쳤습니다. "그가 경건하여 온 집안과 더불어 하나님을 경외하며 백성을 많이 구제하고 하나님께 항상 기도하더니"(2절). 고넬료는 이스라엘을 정복한 로마의 백부장이었습니다. 그는 존재 자체가 이스라엘에 위협이 될 수밖에 없었습니다. 하지만 고넬료는 정복자로서의 영향력이 아닌 하나님 앞에서 경건한 삶으로 선한 영향을 미쳤습니다. 온 집안이 하나님을 경외하고, 백성을 많이 구제했습니다. 우리 가정이 경건한 가정이 되길 소망합니다. 하나님을 경외하고 이웃을 사랑하는 가정이 되길 축복합니다.

경건은 기도와 순종의 연속이다

하나님은 경건한 고넬료를 주목하여 보셨습니다. "천사가 이르되 네 기도와 구제가 하나님 앞에 상달되어 기억하신 바가 되었으니"(4b절). 하나님은 경건한 자의 기도를 들으시고 그를 특별히 기억하십니다. 하나님은 고넬료를 기억하시고 그를 위한 특별한 만남을 계획하십니다. 바로 베드로와의 만남입니다(5절). 사람은 누구를 만나느냐에 따라 인생의 방향이 달라집니다. 그래서 많은 자기계발 전문가들이 인생을 바꾸고 싶다면 만나는 사람을 바꾸라고 권면합니다. 고넬료는 천사의 지시를 따라 곧바로 베드로를 자신의 집으로 청합니다. 사실 백부장으로서 십자가에서 처형당한 예수의 수제자를 자신의 집에 초대한다는 것은 위험한 일입니다. 하지만 고넬료는 한 치의 망설임도 없이 곧바로 베드로를 자신의 집에 초청합니다. 위험을 감수하고서라도 하나님의 말씀에 순종하는 것입니다. 참된 경건은 위기 속에서 진가가 드러납니다. 고넬료 안에는 하나님이 만나게 하신 사람을 통해 하나님이 행하실 일에 대한 기대감이 있었습니다. 경건은 결국 기도와 순종의 연속적 삶입니다.

경건한 삶이란 단순히 어떤 특정한 죄를 짓지 않는 것이 아니라 하나님 안에서 삶의 만족을 누리는 삶이라고 할 수 있습니다. 하나님 사랑과 이웃 사랑이 절묘하게 조화를 이루는 삶입니다. 하나님은 경건한 사람을 기억하시고 그를 위한 아름다운 만남을 이루십니다. 고넬료의 가정처럼 하나님이 보시기에 경건한 가정이 되길 축복합니다.

📍 나눔

1. 내 주변에 있는 경건한 사람을 가족에게 소개해 보세요.
2. 우리 가정이 고넬료의 가정처럼 경건한 가정이 되기 위해서 무엇을 해야 할지 가족과 나눠 보세요.

📍 기도

하나님, 우리 가정이 하나님 앞에서 경건한 가정이 되길 원합니다. 일상을 살아가는 모습 자체가 하나님이 보시기에 아름다운 가정이 되길 원합니다. 하나님을 사랑하고, 하나님을 향한 사랑이 이웃 사랑으로 이어지는 가정이 되게 하소서. 우리 가정을 기억하시는 예수님의 이름으로 기도합니다. 아멘.

📍 우리 가족 이번 주 미션

성령의 인도하심을 따라

9월 첫째 주

사도행전 13장 1-12절
찬송가 359장 천성을 향해 가는 성도들아

사도행전 13장 1-12절

1 안디옥 교회에 선지자들과 교사들이 있으니 곧 바나바와 니게르라 하는 시므온과 구레네 사람 루기오와 분봉 왕 헤롯의 젖동생 마나엔과 및 사울이라
2 주를 섬겨 금식할 때에 성령이 이르시되 내가 불러 시키는 일을 위하여 바나바와 사울을 따로 세우라 하시니
3 이에 금식하며 기도하고 두 사람에게 안수하여 보내니라
4 두 사람이 성령의 보내심을 받아 실루기아에 내려가 거기서 배 타고 구브로에 가서
5 살라미에 이르러 하나님의 말씀을 유대인의 여러 회당에서 전할새 요한을 수행원으로 두었더라
6 온 섬 가운데로 지나서 바보에 이르러 바예수라 하는 유대인 거짓 선지자인 마술사를 만나니
7 그가 총독 서기오 바울과 함께 있으니 서기오 바울은 지혜 있는 사람이라 바나바와 사울을 불러 하나님의 말씀을 듣고자 하더라

8 이 마술사 엘루마는 (이 이름을 번역하면 마술사라) 그들을 대적하여 총독으로 믿지 못하게 힘쓰니
9 바울이라고 하는 사울이 성령이 충만하여 그를 주목하고
10 이르되 모든 거짓과 악행이 가득한 자요 마귀의 자식이요 모든 의의 원수여 주의 바른 길을 굽게 하기를 그치지 아니하겠느냐
11 보라 이제 주의 손이 네 위에 있으니 네가 맹인이 되어 얼마 동안 해를 보지 못하리라 하니 즉시 안개와 어둠이 그를 덮어 인도할 사람을 두루 구하는지라
12 이에 총독이 그렇게 된 것을 보고 믿으며 주의 가르치심을 놀랍게 여기니라

~~~~~~~~~~~~~~~~~~~~~~~~~~~~~~

사도행전은 다른 말로 '성령 행전'이라고 할 수 있습니다. "오직 성령이 너희에게 임하시면 너희가 권능을 받고 예루살렘과 온 유대와 사마리아와 땅 끝까지 이르러 내 증인이 되리라 하시니라"(행 1:8). 사도행전은 성령의 인도하심을 따라 땅끝까지 복음을 전한 증인들의 이야기입니다. 성령의 사람들은 성령이 이끄시면 땅끝까지도 가지만 성령이 이끄시지 않으면 꿈쩍도 하지 않았습니다. 그런 의미에서 성령의 인도하심을 받는 삶은 파도타기와 같습니다. 훌륭한 서퍼는 파도를 일으키는 사람이 아니라 일어난 파도를 잘 타는 사람입니다. 성령이 이끄시는 삶이란 성령의 인도하심을 따라 순종하는 삶입니다. 안디옥 교회의 지도자들은 그런 의미에서 성령이 이끄시는 삶을 살았습니다.

🏔 모든 결정을 기도로 한다

안디옥 교회에는 5명의 지도자, 곧 바나바와 시므온, 루기오와 마나

엔 그리고 사울이 있었습니다. 안디옥 교회의 지도자들은 출신이나 학력 등 모든 면에서 달랐습니다. 바나바는 부유한 집안 출신이었습니다. 니게르라 하는 시므온과 구레네 사람 루기오는 아프리카 출신이었습니다. 분봉 왕 헤롯의 젖동생 마나엔은 세례 요한을 죽인 헤롯과 함께 자란 사람이었습니다. 그리고 사울은 바리새파 출신으로 바리새인이었습니다. 이렇게 다양한 출신 배경을 가진 사람들이 한 교회에서 사역하다 보면 얼마나 많은 의견 대립이 있었을까요? 하지만 이들은 중요한 의사 결정을 할 때 서로의 생각을 주장하는 것이 아니라 기도하면서 성령의 인도하심을 따라 결정했습니다. "주를 섬겨 금식할 때에"(2절) 성령의 음성을 들었고, 다시 "금식하며 기도하고"(3절) 중요한 교회의 문제를 결정했습니다. 그렇게 성령의 인도하심을 따라 바나바와 사울을 이방인을 위한 선교를 위해 파송합니다. 파송하는 안디옥 교회나 파송을 받는 사람들이나 앞으로 어떤 일이 일어날지 모르지만 성령님께 순종했습니다. 성령이 이끄시는 삶은 모든 결정을 기도로 구하는 삶입니다.

성령이 이끄시는 대로 선포한다

바나바와 사울은 성령의 이끄심을 따라 구브로섬의 중동부에 위치한 살라미에 도착합니다. 두 사람은 회당에 들어가 복음을 전합니다. 이후에 구브로섬의 서남부에 위치한 구브로 행정 중심지인 바보에서 복음을 전합니다. 그 섬에는 바예수라 하는 유대인 마술사가 있었습니다

다. 그는 마술을 통해 사람들을 현혹하며 자신의 지위를 공고히 했습니다. 바나바와 사울을 통해 사람들이 주께 돌아가자 위태로움을 느낀 바예수는 그들이 하는 일을 방해하기 시작했습니다. 성령의 역사가 나타나는 곳에는 어김없이 마귀의 훼방이 나타납니다. 마귀는 어떻게든 복음을 듣지 못하게 방해합니다. 총독 서기오 바울이 바나바와 사울을 초청해 복음을 들으려고 하자 바예수는 총독이 믿지 못하게 방해합니다 (8절). 사울은 바예수의 행동이 단순한 반대가 아니라는 것을 알았습니다. 사울은 성령이 충만하여 바예수를 꾸짖었습니다. "모든 거짓과 악행이 가득한 자요 마귀의 자식이요 모든 의의 원수여 주의 바른 길을 굽게 하기를 그치지 아니하겠느냐"(10절). 그리고 "주의 손이 네 위에 있으니 네가 맹인이 되어 얼마 동안 해를 보지 못하리라"(11a절)라고 선포합니다. 바예수는 사울의 선포대로 맹인이 되어 앞을 보지 못하게 됩니다. 성령의 놀라운 능력이 나타나자 총독은 예수님을 믿게 됩니다. 성령이 말하게 하심을 따라 선포하면 성령의 능력이 나타납니다. 하나님은 우리의 입술을 열어 성령의 능력이 선포되길 원하십니다.

성령의 인도하심을 따라 바나바와 사울은 이방 선교를 위해 파송되었습니다. 이로써 2년에 걸친 1차 전도 여행이 시작되었습니다. 거리로는 약 2,300km에 달하는 선교 여행이었습니다. 바나바와 사울은 오직 성령이 이끄시는 대로 움직이며 복음을 전했습니다. 하나님은 우리의 가정 역시 성령의 이끄심을 받기를 원하십니다. 모든 것을 기도로 결정하고 성령이 말하게 하심을 따라 선포하는 가정이 되길 축복합니다.

📍 나눔

1. 기도하는 중에 성령의 인도하심을 따라 중요한 결정을 내린 경험이 있다면 가족과 나눠 보세요.
2. 성령의 인도하심을 따라 행동하여 성령의 능력을 경험한 일이 있다면 가족과 나눠 보세요.

📍 기도

지금도 우리 가정을 인도하시는 하나님, 우리 가정이 오직 성령님께만 이끌림을 받기를 원합니다. 우리 가정의 모든 움직임이 성령 행전이 되게 하소서. 우리 가정을 통해 하나님의 큰일이 선포되게 하소서. 우리 가정과 함께하시는 예수님의 이름으로 기도합니다. 아멘.

📍 우리 가족 이번 주 미션

특별하게 쓰임받는 사람의 특징

9월 둘째 주

사도행전 14장 8-18절
찬송가 358장 주의 진리 위해 십자가 군기

사도행전 14장 8-18절

8 루스드라에 발을 쓰지 못하는 한 사람이 앉아 있는데 나면서 걷지 못하게 되어 걸어 본 적이 없는 자라
9 바울이 말하는 것을 듣거늘 바울이 주목하여 구원 받을 만한 믿음이 그에게 있는 것을 보고
10 큰 소리로 이르되 네 발로 바로 일어서라 하니 그 사람이 일어나 걷는지라
11 무리가 바울이 한 일을 보고 루가오니아 방언으로 소리 질러 이르되 신들이 사람의 형상으로 우리 가운데 내려오셨다 하여
12 바나바는 제우스라 하고 바울은 그 중에 말하는 자이므로 헤르메스라 하더라
13 시외 제우스 신당의 제사장이 소와 화환들을 가지고 대문 앞에 와서 무리와 함께 제사하고자 하니
14 두 사도 바나바와 바울이 듣고 옷을 찢고 무리 가운데 뛰어 들어가서 소리 질러
15 이르되 여러분이여 어찌하여 이러한 일을 하느냐 우리도 여러분과 같은 성정을

가진 사람이라 여러분에게 복음을 전하는 것은 이런 헛된 일을 버리고 천지와 바다와 그 가운데 만물을 지으시고 살아 계신 하나님께로 돌아오게 함이라
16 하나님이 지나간 세대에는 모든 민족으로 자기들의 길들을 가게 방임하셨으나
17 그러나 자기를 증언하지 아니하신 것이 아니니 곧 여러분에게 하늘로부터 비를 내리시며 결실기를 주시는 선한 일을 하사 음식과 기쁨으로 여러분의 마음에 만족하게 하셨느니라 하고
18 이렇게 말하여 겨우 무리를 말려 자기들에게 제사를 못하게 하니라

성경을 보면 보통의 사람이 할 수 없는 사역을 감당하는 사람들이 있습니다. 구약의 대표적인 인물은 엘리야입니다. 엘리야는 기도로 하늘의 비를 3년 6개월 동안 멈추었고, 기도로 하늘에서 불을 내렸고, 다시 기도하여 엄청난 비를 내린 인물입니다. 엘리야는 보통 사람이 아니라고 생각되는데, 성경은 보통 사람과 다르지 않다고 합니다. "엘리야는 우리와 성정이 같은 사람이로되 그가 비가 오지 않기를 간절히 기도한즉 삼 년 육 개월 동안 땅에 비가 오지 아니하고"(약 5:17). 구약에 엘리야가 있다면 신약에는 바울이 있습니다. 바울의 사역에도 놀라운 일들이 많이 일어났습니다. 분명 보통 사람이 아니라고 생각되는데, 성경은 바울 또한 보통 사람이라고 합니다. "이르되 여러분이여 어찌하여 이러한 일을 하느냐 우리도 여러분과 같은 성정을 가진 사람이라"(15a절). 다 같은 사람인데 하나님께 특별히 쓰임받는 사람은 어떤 사람일까요?

🔺 믿음으로 확신하고 선포하는 믿음

루스드라에는 나면서부터 걷지 못하는 사람이 있었습니다. 이 사람은 바울이 말하는 것을 가만히 듣고 있었습니다. 바울 역시 자신을 바라보는 그 사람을 보았는데 그 안에 구원받을 만한 믿음이 있었습니다. 그 순간 바울은 믿음의 선포를 외칩니다. "큰 소리로 이르되 네 발로 바로 일어서라 하니 그 사람이 일어나 걷는지라"(10절). 바울이 믿음으로 선포하자 놀라운 기적이 일어났습니다. 이 장면은 사도행전 3장에 기록된 베드로의 기적을 연상시킵니다. 베드로 역시 나면서부터 못 걷는 이를 "예수 그리스도의 이름으로 일어나 걸으라"(행 3:6b)라고 선포한 후 걷게 하는 기적을 행합니다. 이를 통해 우리가 깨달을 수 있는 것은 베드로에게 역사하셨던 성령 하나님이 동일하게 바울에게도 역사하셨다는 것입니다. 성령 충만하여 예수님의 이름으로 선포할 때 하나님의 놀라운 일들을 보게 됩니다. 예수님은 승천하시기 전 제자들에게 중요한 약속을 하셨습니다. "지금까지는 너희가 내 이름으로 아무 것도 구하지 아니하였으나 구하라 그리하면 받으리니 너희 기쁨이 충만하리라"(요 16:24). 지금도 이 약속은 유효하며, 예수님의 이름으로 선포할 때 기쁨이 충만해질 것입니다.

🔺 오직 하나님께만 영광

성공의 가장 큰 적은 이전의 성공이란 말이 있습니다. 한번 성공한 이후에 성공에 도취되어 교만해지면 이후에 큰 패배를 당하기 때문입니다. 하나님께 한때 쓰임받은 사람은 많습니다. 하지만 끝까지 쓰임받은 사람은 많지 않습니다. 끝까지 쓰임받은 사람은 한결같이 겸손한 사람이었습니다. 자신의 영광이 아닌 오직 하나님께만 영광을 돌린 사람이었습니다. 윌리엄 바클레이는 '교만은 다른 모든 죄가 자라는 기반이자, 그 생성의 근원이다'라고 말했습니다. 우리가 잘 아는 잠언 16장 18절에서도 "교만은 패망의 선봉이요 거만한 마음은 넘어짐의 앞잡이니라"라고 말합니다. 루스드라의 사람들이 바나바와 바울이 일으킨 기적을 보고 바나바와 바울을 향하여 제우스와 헤르메스가 온 것이라고 외칩니다. 이때 바나바와 바울은 옷을 찢어 가면서 사람들을 말리고, 사람들의 시선을 하나님께 향하게 합니다(14-15절). 겸손은 하나님에 대한 정직한 마음입니다. 자신이 한 일이 아닌 것에 대해서 영광을 가로채지 않는 것입니다. 하나님은 겸손한 사람을 통해서 하나님의 일을 나타내십니다.

평범한 가정이지만, 하나님께 특별히 쓰임받는 가정이 되길 바랍니다. 한 번만 쓰임받는 가정이 아니라 끝까지 쓰임받는 가정이 되길 바랍니다. 하나님이 주신 믿음을 따라 선포하고, 하나님의 영광을 위해 살아가는 가정이 되길 바랍니다.

나눔
1. 하나님이 주신 믿음을 따라 선포했을 때, 믿음의 역사를 경험한 적이 있나요? 그 내용을 가족과 나눠 보세요.
2. 교만한 마음이 올라올 때 어떻게 하면 겸손을 유지할 수 있을지 가족과 나눠 보세요.

기도
하나님, 우리 가정이 하나님께 쓰임받기를 원합니다. 세상의 기준으로 보면 평범한 가정이지만, 믿음만큼은 특별한 가정이길 원합니다. 성령 충만하며 끝까지 겸손한 가정이 되게 하소서. 영광스러운 예수님의 이름으로 기도합니다. 아멘.

우리 가족 이번 주 미션

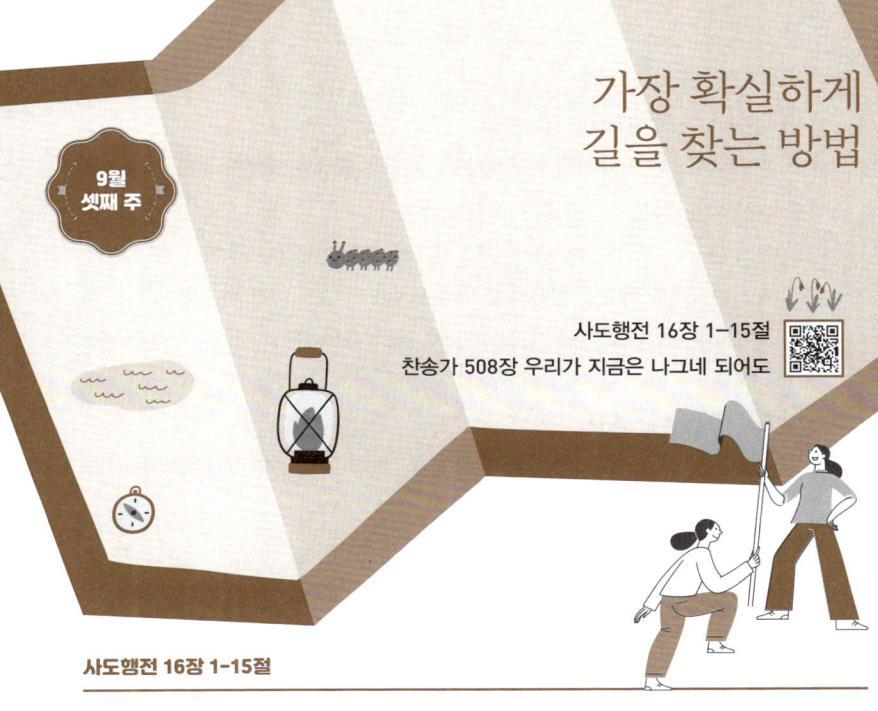

가장 확실하게 길을 찾는 방법

9월 셋째 주

사도행전 16장 1-15절
찬송가 508장 우리가 지금은 나그네 되어도

사도행전 16장 1-15절

1 바울이 더베와 루스드라에도 이르매 거기 디모데라 하는 제자가 있으니 그 어머니는 믿는 유대 여자요 아버지는 헬라인이라
2 디모데는 루스드라와 이고니온에 있는 형제들에게 칭찬 받는 자니
3 바울이 그를 데리고 떠나고자 할새 그 지역에 있는 유대인으로 말미암아 그를 데려다가 할례를 행하니 이는 그 사람들이 그의 아버지는 헬라인인 줄 다 앎이러라
4 여러 성으로 다녀 갈 때에 예루살렘에 있는 사도와 장로들이 작정한 규례를 그들에게 주어 지키게 하니
5 이에 여러 교회가 믿음이 더 굳건해지고 수가 날마다 늘어가니라
6 성령이 아시아에서 말씀을 전하지 못하게 하시거늘 그들이 브루기아와 갈라디아 땅으로 다녀가
7 무시아 앞에 이르러 비두니아로 가고자 애쓰되 예수의 영이 허락하지 아니하시

는지라
8 무시아를 지나 드로아로 내려갔는데
9 밤에 환상이 바울에게 보이니 마게도냐 사람 하나가 서서 그에게 청하여 이르되 마게도냐로 건너와서 우리를 도우라 하거늘
10 바울이 그 환상을 보았을 때 우리가 곧 마게도냐로 떠나기를 힘쓰니 이는 하나님이 저 사람들에게 복음을 전하라고 우리를 부르신 줄로 인정함이러라
11 우리가 드로아에서 배로 떠나 사모드라게로 직행하여 이튿날 네압볼리로 가고
12 거기서 빌립보에 이르니 이는 마게도냐 지방의 첫 성이요 또 로마의 식민지라 이 성에서 수일을 유하다가
13 안식일에 우리가 기도할 곳이 있을까 하여 문 밖 강가에 나가 거기 앉아서 모인 여자들에게 말하는데
14 두아디라 시에 있는 자색 옷감 장사로서 하나님을 섬기는 루디아라 하는 한 여자가 말을 듣고 있을 때 주께서 그 마음을 열어 바울의 말을 따르게 하신지라
15 그와 그 집이 다 세례를 받고 우리에게 청하여 이르되 만일 나를 주 믿는 자로 알거든 내 집에 들어와 유하라 하고 강권하여 머물게 하니라

우리는 살면서 여러 가지 주제로 기도합니다. 그 기도의 내용을 주제별로 분류해 보면 많은 부분이 인생의 길을 묻는 기도입니다. 진로와 진학의 길, 자녀를 위한 길, 부부를 위한 길, 가정을 위한 길, 교회를 위한 길 등 우리는 평생 길을 찾고자 노력합니다. 하나님은 과연 우리가 어떤 길로 가기를 원하실까요? 어느 길로 가야 안전할까요? 오늘 본문의 바울 역시 길을 찾고자 고민합니다. 1차 전도 여행 때까지는 모든 길이 순조로웠습니다. 하지만 2차 전도 여행을 시작할 무렵 마가, 요한의 동행 문제로 바나바와 갈등이 일어났고 결국 헤어지게 되었습니다. 또한 바울이 계획했던 선교의 길이 막히는 상황이 벌어집니다. 바울은

이때 어떻게 인생의 길을 결정했을까요?

성령의 인도하심을 따라 움직인다

바울은 아시아 지역으로 가길 원했습니다. 하지만 성령께서 길을 막으셨습니다. "성령이 아시아에서 말씀을 전하지 못하게 하시거늘 그들이 브루기아와 갈라디아 땅으로 다녀가"(6절). 성령은 무슨 연유에서인지 아시아에서 복음을 전하는 것을 막으셨습니다. 바울은 다시 비두니아 지역으로 가려고 했는데 성령께서 또 길을 막으셨습니다. 동쪽 길이 막히자 바울은 결국 서쪽 길인 드로아까지 가게 됩니다. 바울은 이곳에서 밤에 환상을 보게 됩니다. "밤에 환상이 바울에게 보이니 마게도냐 사람 하나가 서서 그에게 청하여 이르되 마게도냐로 건너와서 우리를 도우라 하거늘"(9절). 바울은 자신이 가기를 원하는 길이 있었습니다. 하지만 하나님께서 길을 막으신다면 가던 길을 멈출 줄 아는 사람이었습니다. 또한 성령이 인도하시면 인생의 길을 언제든지 돌릴 줄 아는 순종의 사람이었습니다. 최선을 다해서 인생의 길을 준비해야 하지만 성령께서 말씀하실 때는 언제든지 가던 길을 멈추고 순종해야 합니다.

기도의 자리를 찾아야 한다

바울은 성령의 인도하심을 따라 빌립보에 도착했습니다. 빌립보까지 왔지만 여기서부터 어떤 길로 가야 할지 몰랐습니다. 이때 바울은 가장 먼저 기도 처소를 찾습니다. "안식일에 우리가 기도할 곳이 있을까 하여 문 밖 강가에 나가 거기 앉아서 모인 여자들에게 말하는데"(13절). 바울이 가장 먼저 기도할 장소를 찾을 때 루디아란 여인을 만나게 됩니다. 루디아는 두아디라시에서 자색 옷감 장사를 하는 여인이었습니다. 하나님은 바울과 이 여인의 만남을 계획하고 계셨습니다. 바울은 루디아의 집으로 갔고, 그 집 사람들이 다 세례를 받게 되었으며 루디아는 바울을 도와 복음을 전하는 사람이 됩니다. 루디아는 빌립보에서의 복음의 첫 열매가 되었습니다. 지금 길을 잃어버려 길을 찾고 있다면, 기도할 처소를 먼저 찾아야 합니다. 하나님을 향한 기도의 길이 열려 있다면 반드시 길을 찾게 될 것입니다. 만남의 축복은 기도로부터 시작됩니다. 빌립보에서 기도로 시작하고자 했을 때 하나님께서는 바울에게 평생의 동역자를 붙여 주셨습니다.

이사야 55장 9절은 "이는 하늘이 땅보다 높음 같이 내 길은 너희의 길보다 높으며 내 생각은 너희의 생각보다 높음이니라"라고 합니다. 우리는 길을 몰라 방황할 수 있습니다. 하지만 하나님은 길을 잃지 않으십니다. 그분이 길이십니다. 인생길을 찾는 가장 확실한 방법은 길 되신 하나님의 인도하심을 따르는 것입니다. 방황하지 않는 가정이 되길 축복합니다.

📍 나눔

1. 길을 잃어 헤매고 난처했던 경험이 있다면 가족과 나눠 보세요.
2. 어디로 가야 할지 몰라 고민일 때, 하나님의 인도하심으로 새로운 길을 찾은 경험이 있다면 가족과 나눠 보세요.

📍 기도

길 되신 하나님, 우리 가정의 길이 되어 주소서. 우리 가정이 하나님 외에 다른 길을 찾지 않게 하시고, 오직 하나님을 따라 걷는 가정이 되게 하소서. 무엇보다 만남의 축복을 주소서. 선한 믿음의 동료들과 하나님 나라를 위해 동역하게 하소서. 길 되신 예수님의 이름으로 기도합니다. 아멘.

📍 우리 가족 이번 주 미션

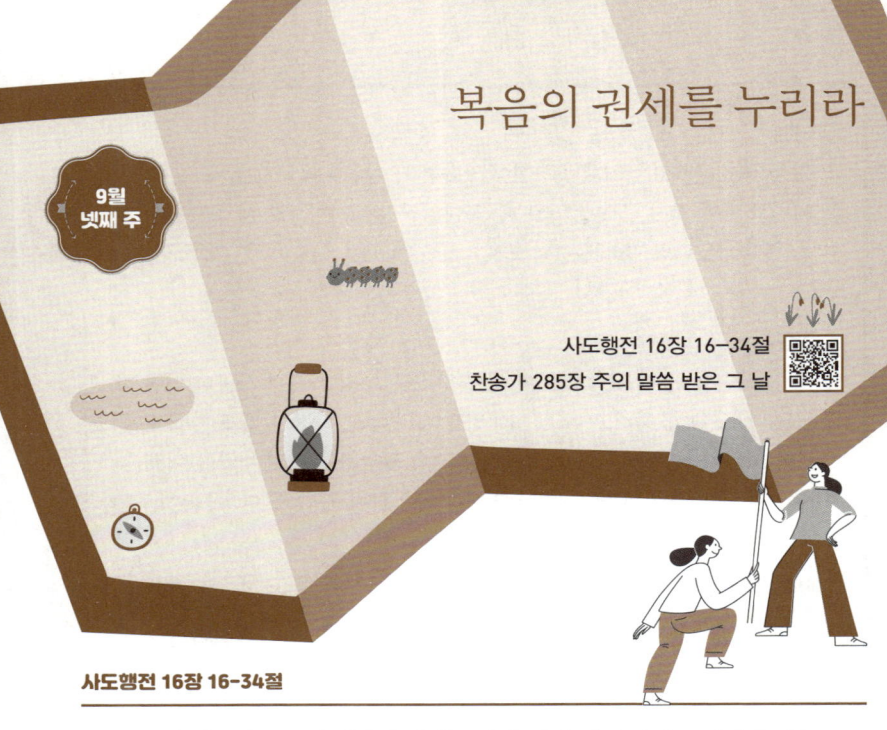

복음의 권세를 누리라

9월 넷째 주

사도행전 16장 16-34절
찬송가 285장 주의 말씀 받은 그 날

사도행전 16장 16-34절

16 우리가 기도하는 곳에 가다가 점치는 귀신 들린 여종 하나를 만나니 점으로 그 주인들에게 큰 이익을 주는 자라
17 그가 바울과 우리를 따라와 소리 질러 이르되 이 사람들은 지극히 높은 하나님의 종으로서 구원의 길을 너희에게 전하는 자라 하며
18 이같이 여러 날을 하는지라 바울이 심히 괴로워하여 돌이켜 그 귀신에게 이르되 예수 그리스도의 이름으로 내가 네게 명하노니 그에게서 나오라 하니 귀신이 즉시 나오니라
19 여종의 주인들은 자기 수익의 소망이 끊어진 것을 보고 바울과 실라를 붙잡아 장터로 관리들에게 끌어 갔다가
20 상관들 앞에 데리고 가서 말하되 이 사람들이 유대인인데 우리 성을 심히 요란하게 하여
21 로마 사람인 우리가 받지도 못하고 행하지도 못할 풍속을 전한다 하거늘

22 무리가 일제히 일어나 고발하니 상관들이 옷을 찢어 벗기고 매로 치라 하여
23 많이 친 후에 옥에 가두고 간수에게 명하여 든든히 지키라 하니
24 그가 이러한 명령을 받아 그들을 깊은 옥에 가두고 그 발을 차꼬에 든든히 채웠더니
25 한밤중에 바울과 실라가 기도하고 하나님을 찬송하매 죄수들이 듣더라
26 이에 갑자기 큰 지진이 나서 옥터가 움직이고 문이 곧 다 열리며 모든 사람의 매인 것이 다 벗어진지라
27 간수가 자다가 깨어 옥문들이 열린 것을 보고 죄수들이 도망한 줄 생각하고 칼을 빼어 자결하려 하거늘
28 바울이 크게 소리 질러 이르되 네 몸을 상하지 말라 우리가 다 여기 있노라 하니
29 간수가 등불을 달라고 하며 뛰어 들어가 무서워 떨며 바울과 실라 앞에 엎드리고
30 그들을 데리고 나가 이르되 선생들이여 내가 어떻게 하여야 구원을 받으리이까 하거늘
31 이르되 주 예수를 믿으라 그리하면 너와 네 집이 구원을 받으리라 하고
32 주의 말씀을 그 사람과 그 집에 있는 모든 사람에게 전하더라
33 그 밤 그 시각에 간수가 그들을 데려다가 그 맞은 자리를 씻어 주고 자기와 그 온 가족이 다 세례를 받은 후
34 그들을 데리고 자기 집에 올라가서 음식을 차려 주고 그와 온 집안이 하나님을 믿으므로 크게 기뻐하니라

하나님의 자녀가 되는 순간, 자녀에게는 권세가 주어집니다. "영접하는 자 곧 그 이름을 믿는 자들에게는 하나님의 자녀가 되는 권세를 주셨으니"(요 1:12). 이 권세는 천사도 흠모할 만큼의 권세입니다. "내가 너희에게 뱀과 전갈을 밟으며 원수의 모든 능력을 제어할 권능을 주었으니 너희를 해칠 자가 결코 없으리라"(눅 10:19). 자녀에게는 권세가 있습

니다. 이를 믿고 사용해야 합니다. 놀라운 권세를 이미 받았는데 이를 서랍 속에 두고 무능하게 살아서는 안 됩니다. 바울과 실라는 자신들에게 주어진 복음의 권세를 누리는 삶을 살았습니다.

예수 그리스도의 이름으로 선포하라

바울은 기도하러 가던 중에 점치는 귀신 들린 여종을 만납니다(16절). 이 여인은 지역에 입소문이 난 점쟁이였습니다. 이 여인의 점괘가 효력이 있었는지 이 여인에게 투자해서 배당금을 챙기는 사람들도 있었습니다. 이 여인은 귀신 들렸을 뿐만 아니라 다른 사람의 이익을 위해 이용당하는 불쌍한 사람이었습니다. 그런데 이 여인이 바울의 일행을 보자 따라 다니면서 큰 소리로 외치기 시작합니다. "이 사람들은 지극히 높은 하나님의 종으로서 구원의 길을 너희에게 전하는 자라 하며"(17b절). 하루 이틀도 아니고 여러 날을 이렇게 하니 바울이 이렇게 외칩니다. "그 귀신에게 이르되 예수 그리스도의 이름으로 내게 네게 명하노니 그에게서 나오라"(18b절). 바울은 그녀를 괴롭히는 귀신에게 예수 그리스도의 이름으로 떠날 것을 선포했습니다. 그리고 그 즉시 귀신이 떠나갔습니다. 귀신에게 예수 그리스도의 이름으로 선포하면 귀신이 떠나갑니다. 예수 그리스도의 이름에는 권세가 있습니다.

🕊 감옥에서도 기도와 찬송을 멈추지 마라

귀신에 의해서 고통을 당한 여인이 치유를 받으면 다 같이 축복해 주는 것이 맞을 텐데, 그녀를 통해서 돈을 벌던 사람들은 바울과 실라를 고발했습니다. 관리는 바울과 실라의 옷을 벗기고 매로 치고 옥에 가두어 버렸습니다. 당시 사회는 집단적으로 병 들어서 옳고 그름을 분별하지 못했습니다. 바울과 실라는 옳은 일을 하고도 감옥에 갇혔습니다. 바울과 실라는 심적으로 억울하고 육체적으로 지쳤을 텐데도 감옥에서 여전히 복음의 권세를 누리고 있습니다. 한밤중에도 기도하고 찬송을 부릅니다. 복음의 권세를 가진 사람을 막을 방법이 세상에는 없습니다. 오스왈드 챔버스의『주님은 나의 최고봉』에 다음과 같은 글이 있습니다. "나의 아픈 마음 때문에 이 세상에 하나님의 목적이 이루어진다면, 하나님이 당신의 마음을 아프게 하신 것에 감사하라." 복음의 권세를 가진 사람은 모든 환경 속에서 감사를 드립니다. 바울과 실라가 기도하고 찬양할 때 갑자기 큰 지진이 일어났습니다. 옥 터가 움직이고 뒤틀려 문이 다 열리고, 모든 사람의 매인 것이 풀렸습니다. 놀라운 기적이 일어난 것입니다. 이 모든 과정을 지켜본 간수는 복음의 능력 앞에 무릎을 꿇습니다. 그리고 그의 온 집이 구원을 받게 됩니다. 복음의 권세를 막을 수 있는 것은 없습니다.

바울이 마게도냐 사람의 환상을 본 이후에 처음으로 복음의 열매를 맺은 사람은 간수와 그의 가정이었습니다. 하나님은 하나님의 일을 놀라운 방식으로 이루어 가십니다. 우리가 할 일은 하나님이 주신 감동을 따라 예수 그리스도의 이름으로 선포하고, 모든 환경에서 기도와 찬송을 드리는 것입니다. 이와 같은 복음의 권세를 누리는 가정이 되길 축복합니다.

📍 나눔

1. 하나님의 자녀가 되어서 삶의 어떤 변화를 누리고 있는지 가족과 나눠 보세요.
2. 오스왈드 챔버스의 고백에 대해서 어떻게 생각하는지 가족과 나눠 보세요.

📍 기도

우리 가정을 자녀 삼아 주신 하나님, 감사합니다. 우리 가정이 복음의 권세를 누리는 가정이 되게 하소서. 예수 그리스도의 이름의 권세를 믿어 어떤 상황 속에서도 기도와 찬양의 소리가 멈추지 않는 가정이 되게 하소서. 능력의 이름이신 예수님의 이름으로 기도합니다. 아멘.

📍 우리 가족 이번 주 미션

주의 말씀이 힘이 있어 흥왕하다

9월 다섯째 주

사도행전 19장 8-20절
찬송가 289장 주 예수 내 맘에 들어와

사도행전 19장 8-20절

8 바울이 회당에 들어가 석 달 동안 담대히 하나님 나라에 관하여 강론하며 권면하되
9 어떤 사람들은 마음이 굳어 순종하지 않고 무리 앞에서 이 도를 비방하거늘 바울이 그들을 떠나 제자들을 따로 세우고 두란노 서원에서 날마다 강론하니라
10 두 해 동안 이같이 하니 아시아에 사는 자는 유대인이나 헬라인이나 다 주의 말씀을 듣더라
11 하나님이 바울의 손으로 놀라운 능력을 행하게 하시니
12 심지어 사람들이 바울의 몸에서 손수건이나 앞치마를 가져다가 병든 사람에게 얹으면 그 병이 떠나고 악귀도 나가더라
13 이에 돌아다니며 마술하는 어떤 유대인들이 시험삼아 악귀 들린 자들에게 주 예수의 이름을 불러 말하되 내가 바울이 전파하는 예수를 의지하여 너희에게 명하노라 하더라

14 유대의 한 제사장 스게와의 일곱 아들도 이 일을 행하더니
15 악귀가 대답하여 이르되 내가 예수도 알고 바울도 알거니와 너희는 누구냐 하며
16 악귀 들린 사람이 그들에게 뛰어올라 눌러 이기니 그들이 상하여 벗은 몸으로 그 집에서 도망하는지라
17 에베소에 사는 유대인과 헬라인들이 다 이 일을 알고 두려워하며 주 예수의 이름을 높이고
18 믿은 사람들이 많이 와서 자복하여 행한 일을 알리며
19 또 마술을 행하던 많은 사람이 그 책을 모아 가지고 와서 모든 사람 앞에서 불사르니 그 책 값을 계산한즉 은 오만이나 되더라
20 이와 같이 주의 말씀이 힘이 있어 흥왕하여 세력을 얻으니라

바울은 이제부터 3차 전도 여행을 시작합니다. 3차 전도 여행의 핵심 지역은 에베소였습니다. 바울은 에베소에서 약 3년가량 하나님의 말씀을 전했습니다. 에베소는 선교를 위해 전략적으로 중요한 도시였습니다. 에베소는 세계적인 무역 도시이자, 동서양을 연결하는 가교 역할을 하는 곳으로, 수많은 사람이 오가는 지역이었습니다. 바울은 이곳에서 분투하며 주의 말씀을 전했고 그 결과 놀라운 일이 일어났습니다. "이와 같이 주의 말씀이 힘이 있어 흥왕하여 세력을 얻으니라"(20절). 생각만 해도 멋진 일입니다. 오늘 여기에서도 주의 말씀이 흥왕하기를 소원합니다. 주의 말씀이 흥왕하기까지 어떤 일들이 있었을까요?

주의 말씀을 선포하다

바울은 회당에서 석 달 동안 담대하게 하나님의 나라에 대해서 강론

했습니다(8절). 바울은 로마가 통치하는 나라에서 하나님의 나라를 선포했습니다. 바울의 심장에는 하나님의 나라가 숨 쉬고 있었습니다. 예수님이 이 땅에 계시는 동안 선포한 모든 말씀 역시 하나님의 나라와 관련된 것이었습니다. 공생애의 첫 번째 말씀도 하나님의 나라였습니다. "때가 찼고 하나님의 나라가 가까이 왔으니 회개하고 복음을 믿으라"(막 1:15). 바울이 주의 말씀을 선포할 때 모든 사람이 경청한 것이 아니었습니다. 바울이 전한 말씀을 듣고 마음이 굳어지고 바울을 비방하는 사람들도 많았습니다(9절). 하지만 바울은 더욱 담대히 주의 말씀을 선포했습니다. 주의 말씀이 흥왕하기 위해서는 어떤 상황에서도 담대히 말씀을 전하는 사람이 있어야 합니다.

주의 제자를 키우다

바울은 자신을 비방하는 사람들과 논쟁하지 않습니다. 그들과 논쟁할 시간에 자신의 말을 경청하는 사람들을 따로 세워 제자 훈련을 합니다. "바울이 그들을 떠나 제자들을 따로 세우고 두란노 서원에서 날마다 강론하니라"(9b절). 에베소 사역의 핵심은 두란노 서원을 중심으로 하는 제자 훈련이었습니다. 바울은 다수가 아닌 소수에 집중했습니다. 주의 말씀으로 무장된 소수가 지역을 바꿉니다. 지역 사회가 주의 말씀으로 흥왕하기 위해서는 가장 먼저 심령이 주의 말씀으로 흥왕된 제자가 있어야 합니다.

주의 말씀의 실재를 경험하다

바울은 두 해 동안 에베소의 두란노 서원을 중심으로 사역을 했는데 그 영향력은 상상할 수 없을 정도로 퍼져 갔습니다. 바울을 통해서 주의 말씀의 실재가 눈으로 보였습니다. "심지어 사람들이 바울의 몸에서 손수건이나 앞치마를 가져다가 병든 사람에게 얹으면 그 병이 떠나고 악귀도 나가더라"(12절). 하나님 나라의 통치의 실재가 눈앞에서 증거로 보였습니다. 이 현상이 얼마나 놀라웠는지 스게와의 일곱 아들이 바울을 따라 했다가 도리어 악귀에게 곤혹을 치르는 일도 벌어졌습니다(16절). 마술을 하던 사람들이 스스로 책을 가지고 와서 사람들 앞에 불살라 버렸는데 그 책값이 무려 은 오만이나 되었습니다(19절). 주의 말씀은 지금도 살아 있어 하나님의 놀라운 일들을 행합니다.

주의 말씀의 실재를 경험하는 가정이 되길 바랍니다. 담대하게 주의 말씀을 선포하고, 주의 말씀에 인생을 거는 제자로 살아가서 가정과 일터에서 주의 말씀이 힘이 있어 흥왕하기를 축복합니다.

📍 나눔
1. 주의 말씀을 깊이 묵상할 때, 말씀으로 인해서 내면의 변화를 경험한 적이 있다면 가족과 나눠 보세요.
2. 바울의 에베소 사역처럼, 말씀이 흥왕하는 것을 경험한 적이 있다면 그 내용을 가족과 나눠 보세요.

📍 기도
하나님, 우리 가정에 주의 말씀이 힘이 있고 흥왕하여 더욱 세력을 얻기를 원합니다. 말씀 중심으로 생각하고, 결정하고, 순종하는 가정이 되게 하소서. 주의 나라의 실재를 경험하는 가정이 되게 하소서. 우리 가정의 주인이신 예수님의 이름으로 기도합니다. 아멘.

📍 우리 가족 이번 주 미션

주 예수의 이름을 위하여

10월 첫째 주

사도행전 21장 1-16절
찬송가 324장 예수 나를 오라 하네

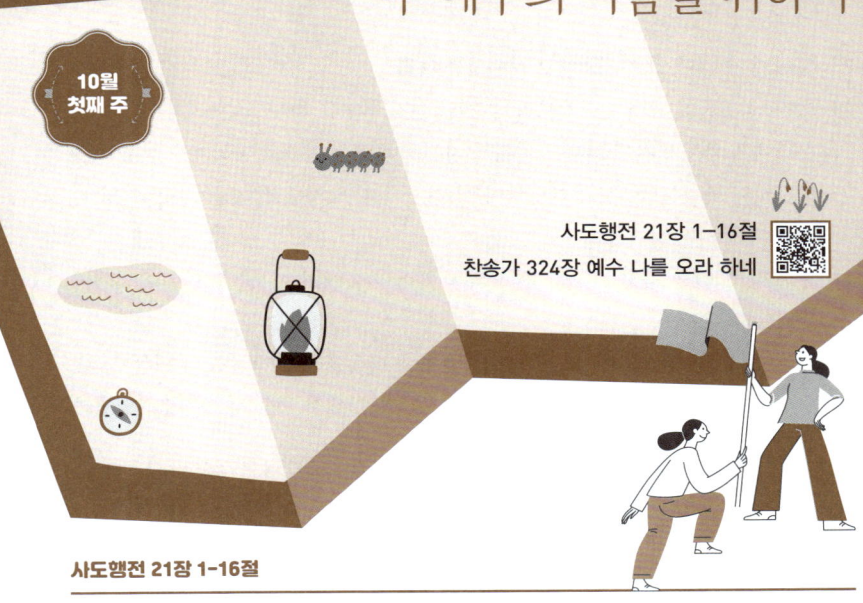

사도행전 21장 1-16절

1 우리가 그들을 작별하고 배를 타고 바로 고스로 가서 이튿날 로도에 이르러 거기서부터 바다라로 가서
2 베니게로 건너가는 배를 만나서 타고 가다가
3 구브로를 바라보고 이를 왼편에 두고 수리아로 항해하여 두로에서 상륙하니 거기서 배의 짐을 풀려 함이러라
4 제자들을 찾아 거기서 이레를 머물더니 그 제자들이 성령의 감동으로 바울더러 예루살렘에 들어가지 말라 하더라
5 이 여러 날을 지낸 후 우리가 떠나갈새 그들이 다 그 처자와 함께 성문 밖까지 전송하거늘 우리가 바닷가에서 무릎을 꿇어 기도하고
6 서로 작별한 후 우리는 배에 오르고 그들은 집으로 돌아가니라
7 두로를 떠나 항해를 다 마치고 돌레마이에 이르러 형제들에게 안부를 묻고 그들과 함께 하루를 있다가

8 이튿날 떠나 가이사랴에 이르러 일곱 집사 중 하나인 전도자 빌립의 집에 들어가서 머무르니라
9 그에게 딸 넷이 있으니 처녀로 예언하는 자라
10 여러 날 머물러 있더니 아가보라 하는 한 선지자가 유대로부터 내려와
11 우리에게 와서 바울의 띠를 가져다가 자기 수족을 잡아매고 말하기를 성령이 말씀하시되 예루살렘에서 유대인들이 이같이 이 띠 임자를 결박하여 이방인의 손에 넘겨 주리라 하거늘
12 우리가 그 말을 듣고 그 곳 사람들과 더불어 바울에게 예루살렘으로 올라가지 말라 권하니
13 바울이 대답하되 여러분이 어찌하여 울어 내 마음을 상하게 하느냐 나는 주 예수의 이름을 위하여 결박 당할 뿐 아니라 예루살렘에서 죽을 것도 각오하였노라 하니
14 그가 권함을 받지 아니하므로 우리가 주의 뜻대로 이루어지이다 하고 그쳤노라
15 이 여러 날 후에 여장을 꾸려 예루살렘으로 올라갈새
16 가이사랴의 몇 제자가 함께 가며 한 오랜 제자 구브로 사람 나손을 데리고 가니 이는 우리가 그의 집에 머물려 함이라

바울의 인생의 구호가 있다면 "주 예수의 이름을 위하여"일 것입니다. 바울의 인생은 너무나 투명합니다. 다메섹 도상에서 예수님을 만난 그의 인생은 어느 단면을 잘라도 온통 예수 그리스도만이 보입니다. 바울은 오늘 본문에서 유언과 같은 말을 합니다. "바울이 대답하되 여러분이 어찌하여 울어 내 마음을 상하게 하느냐 나는 주 예수의 이름을 위하여 결박 당할 뿐 아니라 예루살렘에서 죽을 것도 각오하였노라 하니"(13절). 바울은 자신이 어떻게 죽을 것인지를 이미 결정한 사람이었습니다. 어떻게 죽을지를 결정한 사람은 이 세상의 어떤 것에도 위협을

받지 않습니다. 바울은 주 예수의 이름을 위하여 어떤 삶을 살았나요?

인생의 행로가 명확하다

바울은 주 예수의 이름을 위하여 인생의 행로를 재배열했습니다. 다른 길을 곁눈질하지 않고 오직 주를 위한 길을 걸어갑니다. 꿈만 같았던 에베소의 모든 사역을 내려놓고 떠난다는 것은 쉽지 않은 일입니다. 하지만 바울은 에베소 장로들과 뜨거운 작별을 합니다(1절). 1절부터 3절은 바울의 이동 경로를 빠르게 말해 줍니다. 밀레도를 떠나 고스를 지나 로도와 바다라를 거쳐 베니게의 두로에 도착합니다. 바울은 오직 예루살렘으로 가기 위해 모든 항로를 결정합니다. 바울은 1차적으로 예루살렘으로 가서 아가야와 마게도냐에서 모금한 헌금을 전해 주려고 했습니다. 하지만 궁극적인 목표는 로마로 가서 가이사에게 복음을 전하는 것이었습니다. 이 목표를 이루기 위해 불필요한 모든 길을 제거합니다. 그가 걸어간 발자국은 흐트러짐이 없습니다. 그가 주 예수의 이름을 위하여 인생의 항로를 결정할 때 하나님이 그의 길을 형통하게 열어 주셨습니다.

본능이 아닌 사명에 이끌리다

모든 사람에게는 본능이 있고, 이 본능은 중력과 같아서 인생 전반에 큰 영향을 미칩니다. 사람이 갖고 있는 본능 가운데 가장 큰 본능은 생존 본능입니다. 어떤 결정을 하든지 자신이 살기 위한 결정을 내리는 것이 인간입니다. 그런데 주 예수의 이름을 위하여 살았던 바울은 생존 본능보다 사명 본능이 더 컸습니다. 바울이 두로에 있을 때 제자들이 성령의 감동으로 바울에게 예루살렘으로 들어가지 말라고 합니다(4절). 예루살렘에 들어가면 고통을 당할 것을 알기에 말렸던 것입니다. 하지만 바울은 이동하여 가이사랴로 갑니다. 그곳에서 아가보라는 선지자를 만났는데, 그 역시 바울에 대해서 예루살렘에 가면 결박되어 끌려간다는 예언을 했습니다(11절). 그 말을 들은 모든 사람이 바울의 예루살렘 일정을 막았습니다. 바울은 두 번이나 기도의 사람들을 통해서 앞으로 일어날 일을 들었습니다. 누구에게나 죽음은 두려운 것입니다. 이 땅에서 죽음보다 강한 힘은 없습니다. 그런데 바울은 그 순간에 다음과 같이 말합니다. "바울이 대답하되 여러분이 어찌하여 울어 내 마음을 상하게 하느냐 나는 주 예수의 이름을 위하여 결박 당할 뿐 아니라 예루살렘에서 죽을 것도 각오하였노라 하니"(13절). 바울의 사명은 죽음보다 강했습니다. 담대하게 사명을 고백하는 바울이 부럽습니다. 본능보다 강한 사명을 위해 살아가는 가정이 되길 축복합니다.

바울은 주 예수의 이름을 위하는 인생을 살았습니다. 그 이름을 위하여 받는 고통을 영광으로 여겼습니다. 자기를 부인하고 자기 십자가를 지고 예수님을 따랐습니다(마 16:24). 우리 가정 역시 그러한 가정이 되길 소망합니다.

📍 나눔

1. 지금까지 살아온 길을 되돌아보고 앞으로 어떤 길로 가길 원하는지 가족과 나눠 보세요.
2. '주 예수의 이름을 위하여' 무엇을 하길 원하는지 가족과 나눠 보세요.

📍 기도

하나님, 우리 가정이 주 예수의 이름을 위하여 살길 원합니다. 본능보다 강한 사명에 이끌리는 가정이 되길 원합니다. 우리 가정이 걷는 길이 오직 하나님만을 향하게 하소서. 우리 삶의 이유이신 예수님의 이름으로 기도합니다. 아멘.

📍 우리 가족 이번 주 미션

담대히 증언해야 한다

10월 둘째 주

사도행전 23장 1–11절
찬송가 39장 주 은혜를 받으려

사도행전 23장 1-11절

1 바울이 공회를 주목하여 이르되 여러분 형제들아 오늘까지 나는 범사에 양심을 따라 하나님을 섬겼노라 하거늘
2 대제사장 아나니아가 바울 곁에 서 있는 사람들에게 그 입을 치라 명하니
3 바울이 이르되 회칠한 담이여 하나님이 너를 치시리로다 네가 나를 율법대로 심판한다고 앉아서 율법을 어기고 나를 치라 하느냐 하니
4 곁에 선 사람들이 말하되 하나님의 대제사장을 네가 욕하느냐
5 바울이 이르되 형제들아 나는 그가 대제사장인 줄 알지 못하였노라 기록하였으되 너의 백성의 관리를 비방하지 말라 하였느니라 하더라
6 바울이 그 중 일부는 사두개인이요 다른 일부는 바리새인인 줄 알고 공회에서 외쳐 이르되 여러분 형제들아 나는 바리새인이요 또 바리새인의 아들이라 죽은 자의 소망 곧 부활로 말미암아 내가 심문을 받노라
7 그 말을 한즉 바리새인과 사두개인 사이에 다툼이 생겨 무리가 나누어지니

8 　이는 사두개인은 부활도 없고 천사도 없고 영도 없다 하고 바리새인은 다 있다 함이라
9 　크게 떠들새 바리새인 편에서 몇 서기관이 일어나 다투어 이르되 우리가 이 사람을 보니 악한 것이 없도다 혹 영이나 혹 천사가 그에게 말하였으면 어찌 하겠느냐 하여
10 　큰 분쟁이 생기니 천부장은 바울이 그들에게 찢겨질까 하여 군인을 명하여 내려가 무리 가운데서 빼앗아 가지고 영내로 들어가라 하니라
11 　그 날 밤에 주께서 바울 곁에 서서 이르시되 담대하라 네가 예루살렘에서 나의 일을 증언한 것 같이 로마에서도 증언하여야 하리라 하시니라

좋은 이야기를 들으면 다른 사람에게 말하고 싶습니다. 좋은 음식점을 발견하면 좋아하는 사람과 함께 가고 싶습니다. 누군가로부터 잊지 못할 큰 도움을 받으면 SNS에 올리고 싶습니다. 같은 이유로, 복음을 경험한 사람은 복음의 증인으로 살 수밖에 없습니다. 바울은 양아들과 같았던 디모데에게 말합니다. "너는 말씀을 전파하라 때를 얻든지 못 얻든지 항상 힘쓰라 범사에 오래 참음과 가르침으로 경책하며 경계하며 권하라"(딤후 4:2). 우리 역시 복음을 담대히 전하고 싶습니다. 하지만 마음은 원하는데 여러 이유로 잘 안 됩니다. 어떻게 하면 바울처럼 하나님과 사람 앞에서 복음을 담대히 전할 수 있을까요?

범사에 양심을 따라 하나님을 섬겨야 한다

바울은 자신을 변호하기 위해서 산헤드린 공회 앞에 서 있습니다. 굉

장히 엄중하고 중요한 자리로서 단어 하나까지도 조심해서 말해야 합니다. 바울은 자기변호 첫 말을 다음과 같이 말합니다. "형제들아 오늘까지 나는 범사에 양심을 따라 하나님을 섬겼노라"(1b절). 바울의 당당함은 그의 삶에서 나왔습니다. 이 세상에서 가장 담대한 사람은 돈 많은 사람, 박사 학위가 있는 사람, 큰소리를 치는 사람이 아니라 하나님과 사람 앞에서 범사에 진실하고, 양심에 거리낌이 없는 사람입니다. 바울은 복음을 전하기 위해서 아무 일에도 부끄럽지 않은 삶을 살았습니다. "아무 일에든지 부끄러워하지 아니하고 지금도 전과 같이 온전히 담대하여 살든지 죽든지 내 몸에서 그리스도가 존귀하게 되게 하려 하나니"(빌 1:20). 말과 행실에 있어서 부끄러운 짓을 했다면 절대로 복음을 담대히 전할 수 없습니다. 진리인 복음은 부끄러운 것이 될 수 없기에, 자신의 삶이 부끄러운 사람은 복음을 담대히 전할 수 없습니다. 범사에 양심을 따라 하나님을 섬기는 가정이 되길 바랍니다.

하나님의 위로와 격려를 받아야 한다

산헤드린 앞에서 논쟁하는 중에 바울이 부활의 문제를 언급하자 바리새인과 사두개인 사이에 분열이 일어났습니다. 부활을 믿는 바리새인이 바울의 편을 들어 또 한 건의 위기를 넘겼으나 바울은 다시금 감옥에 갇히게 되었습니다. 바울의 인생 가운데 고난과 고독, 고통은 그림자처럼 늘 함께했습니다. 고린도후서 11장에서 바울은 복음을 전하다가 당한 고난을 언급합니다. 39대의 매질을 다섯 번 맞고, 세 번 태장으로, 한 번 돌로 맞고, 세 번 파선하고 일주야를 깊은 바다에서 지내고, 강과 강도와 동족 등으로부터의 위험을 셀 수 없이 당했습니다. 그럼에도 불구하고 바울은 어떻게 계속해서 복음을 전할 수 있었을까요? 그 모든 위기 가운데 하나님의 위로와 격려를 받았기 때문입니다. "그 날 밤에 주께서 바울 곁에 서서 이르시되 담대하라 네가 예루살렘에서 나의 일을 증언한 것 같이 로마에서도 증언하여야 하리라 하시니라"(11절). 깊은 고통의 시간에 바울 곁에는 하나님이 계셨습니다. 바울에게 힘과 용기를 주시고 앞으로 이루어질 일들에 대해서 알려 주셨습니다. 깊은 감옥은 깊은 은혜를 경험하는 비밀 장소였습니다. 감옥은 바울을 좌절시키는 공간이 아니라 새로운 힘을 얻게 하는 공간이었습니다. 복음을 담대히 전하기 위해서 반드시 필요한 것은 하나님과의 깊은 만남입니다.

담대히 복음을 전하는 가정이 되어야 합니다. 이를 위해 범사에 양심을 따라 하나님을 섬겨야 합니다. 하나님과 사람 앞에서 거리낌이 없어야 합니다. 또한 하나님의 깊은 위로와 강한 지지를 받아야 합니다. 그럴 때 우리 가정은 세상이 감당하지 못하는 가정이 될 것입니다.

나눔
1. 나를 가장 잘 아는 친구들은 나에 대해서 어떤 평가를 내릴 것 같은지 가족과 나눠 보세요.
2. 한 주간 복음을 담대히 전하기 위한 계획을 가족과 나눠 보세요.

기도
하나님, 우리 가정이 범사에 양심을 따라 하나님을 섬기는 가정이 되길 원합니다. 하나님과 사람들 앞에 부끄럽지 않은 삶을 살게 하소서. 모든 상황 속에서 하나님을 담대히 전파하는 가정이 되게 하소서. 우리 가정과 함께하시는 예수님의 이름으로 기도합니다. 아멘.

우리 가족 이번 주 미션

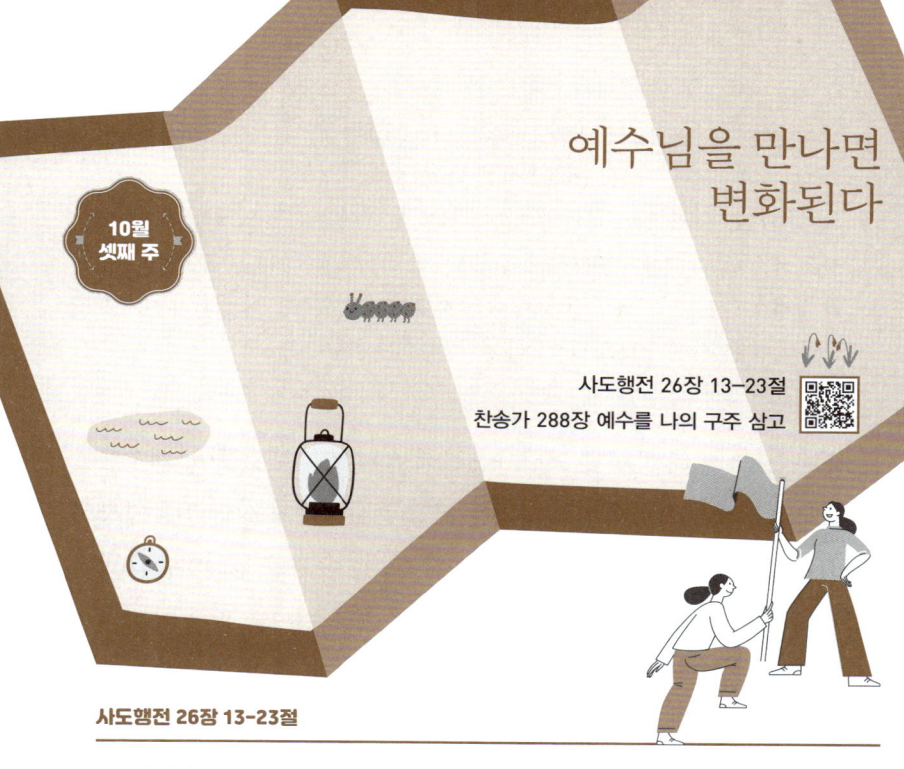

예수님을 만나면 변화된다

10월 셋째 주

사도행전 26장 13-23절
찬송가 288장 예수를 나의 구주 삼고

사도행전 26장 13-23절

13 왕이여 정오가 되어 길에서 보니 하늘로부터 해보다 더 밝은 빛이 나와 내 동행들을 둘러 비추는지라
14 우리가 다 땅에 엎드러지매 내가 소리를 들으니 히브리 말로 이르되 사울아 사울아 네가 어찌하여 나를 박해하느냐 가시채를 뒷발질하기가 네게 고생이니라
15 내가 대답하되 주님 누구시니이까 주께서 이르시되 나는 네가 박해하는 예수라
16 일어나 너의 발로 서라 내가 네게 나타난 것은 곧 네가 나를 본 일과 장차 내가 네게 나타날 일에 너로 종과 증인을 삼으려 함이니
17 이스라엘과 이방인들에게서 내가 너를 구원하여 그들에게 보내어
18 그 눈을 뜨게 하여 어둠에서 빛으로, 사탄의 권세에서 하나님께로 돌아오게 하고 죄 사함과 나를 믿어 거룩하게 된 무리 가운데서 기업을 얻게 하리라 하더이다
19 아그립바 왕이여 그러므로 하늘에서 보이신 것을 내가 거스르지 아니하고
20 먼저 다메섹과 예루살렘에 있는 사람과 유대 온 땅과 이방인에게까지 회개하고

하나님께로 돌아와서 회개에 합당한 일을 하라 전하므로
21 유대인들이 성전에서 나를 잡아 죽이고자 하였으나
22 하나님의 도우심을 받아 내가 오늘까지 서서 높고 낮은 사람 앞에서 증언하는 것은 선지자들과 모세가 반드시 되리라고 말한 것밖에 없으니
23 곧 그리스도가 고난을 받으실 것과 죽은 자 가운데서 먼저 다시 살아나사 이스라엘과 이방인들에게 빛을 전하시리라 함이니이다 하니라

예수님으로 인해서 인류 역사가 B.C.와 A.D.로 나뉘었듯이, 예수님을 만나면 인생의 B.C.와 A.D.가 명확해집니다. 예수님을 만나면 방황하던 인생에 명확한 방향이 생깁니다. 김익두는 유명한 깡패였습니다. 그가 거리에 나타나면 울던 아이도 울음을 그칠 정도로 많은 사람이 두려워하는 존재였습니다. 그러나 김익두는 복음을 듣고 변화되어 목사가 되었습니다. 새사람이 된 후 욕설을 하고 남을 위협하던 입이 복음을 전하는 입으로 변했습니다. 길선주 역시 친구의 돈을 떼먹은 파렴치한 사람이었습니다. 하지만 성령님을 만나자 깊은 회개 이후에 평양 대부흥의 주역이 되어, 한국교회를 위해 귀하게 쓰임받았습니다. 예수님을 만나면 변화됩니다. 오늘 본문의 바울 역시 자신이 예수님을 만나 어떻게 변화되었는지 간증합니다.

역사관이 바뀐다

예수님을 만나면 가장 먼저 역사를 바라보는 역사관이 바뀝니다. 바울은 예수님을 만나기 전에 예수 믿는 사람을 극심히 박해하던 사람이

었습니다. 바울은 바리새인 중에서도 가장 엄중한 분파에 속했습니다. 율법에 능통했을 뿐만 아니라 율법에도 흠이 없는 사람이었습니다. 바울은 자신이 믿는 진리를 따라 예수 믿는 사람을 죽이는 일에도 가담했습니다. 바울의 관점에서 예수 믿는 사람들은 유대교를 허무는 이단의 무리였습니다. 예수는 죽었고 예수를 전파하는 사람들은 거짓의 사람들이었습니다. 바울은 유대교에 전적으로 헌신한 사람이었습니다. 그런데 바울은 정오에 길을 가던 중에 햇빛보다 더 밝은 빛에 둘러싸이게 됩니다. 바울은 곧바로 땅에 엎드려졌고, 히브리 말로 "사울아 사울아 네가 어찌하여 나를 박해하느냐"(14절)라는 음성을 듣습니다. 바울은 두려움에 "주님 누구시니이까"(15a절)라고 묻습니다. 이때 바울은 자신의 역사관을 변화시킬 음성을 듣습니다. "나는 네가 박해하는 예수라"(15b절). 예수님은 십자가에서 죽었으나 부활하셨습니다. 예수님의 제자들이 하는 모든 말은 사실이었습니다. 예수님이 메시아였습니다. 예수님은 역사의 주인이시고 역사를 주관하십니다. 예수님을 만나면 역사관이 바뀝니다.

새로운 사명이 주어진다

예수님을 만나면 역사를 바라보는 관점이 변하기 때문에 인생의 방향이 바뀝니다. 예수님을 만나면 인생의 방황을 멈추고 인생의 방향이 명확해집니다. 예수님은 잘못된 인생을 위해 질주하던 바울에게 새로운 사명을 주십니다. "일어나 너의 발로 서라 내가 네게 나타난 것은 곧 네가 나를 본 일과 장차 내가 네게 나타날 일에 너로 종과 증인을 삼으려 함이니"(16절). 예수님은 예수 믿는 사람을 잡아 죽이던 바울을 예수님의 부활을 증거할 증인으로 삼으셨습니다. 이 사명이 얼마나 명확하고 확실했는지 바울은 자신의 생명 여탈권을 쥐고 있는 아그립바 앞에서도 부활하신 예수님을 증거합니다. 불가항력적인 하나님의 은혜가 임하자 바울은 예수 믿는 사람을 비방하고 박해하고 폭행하던 사람에서 복음을 전하는 선포자, 사도, 교사로 변화되었습니다(딤전 1:13; 딤후 1:11). 이 사실이 우리에게 말해 주는 것은 무엇인가요? 그동안 어떻게 살았든 예수를 만나는 순간 변한다는 사실입니다.

바울은 예수님을 만난 후 새사람이 되었습니다. 하나님의 뜻이 무엇인지 정확히 깨달았습니다. 진리 안에서 참된 자유를 얻었습니다. 예수님을 만나 변화된 바울은 모든 사람이 자신과 같이 복음을 듣고 예수 그리스도 앞에 나오길 원했습니다. 우리 가정 역시 예수님을 만나 역사관이 변화되고 새로운 사명을 위해 헌신하는 가정이 되길 소망합니다.

나눔

1. 내 인생에 있어서 B.C.와 A.D.가 갈리는 순간이 있었나요? 그때의 경험을 가족과 나눠 보세요.
2. 나의 사명은 무엇이고, 그 사명을 통해 하나님의 나라에 어떻게 기여할지를 가족과 나눠 보세요.

기도

빛이신 하나님, 하나님의 빛이 우리 가정을 둘러 비추길 원합니다. 어둠이 사라지고 진정한 실체를 명확히 바라보는 가정이 되게 하소서. 하나님의 종과 증인이 되어 예수님의 십자가와 부활을 증거하는 가정이 되게 하소서. 살아 계신 예수님의 이름으로 기도합니다. 아멘.

우리 가족 이번 주 미션

담대하게 사도행전의 역사를 이어 가라

사도행전 28장 23-31절
찬송가 574장 가슴마다 파도친다

사도행전 28장 23-31절

23 그들이 날짜를 정하고 그가 유숙하는 집에 많이 오니 바울이 아침부터 저녁까지 강론하여 하나님의 나라를 증언하고 모세의 율법과 선지자의 말을 가지고 예수에 대하여 권하더라
24 그 말을 믿는 사람도 있고 믿지 아니하는 사람도 있어
25 서로 맞지 아니하여 흩어질 때에 바울이 한 말로 이르되 성령이 선지자 이사야를 통하여 너희 조상들에게 말씀하신 것이 옳도다
26 일렀으되 이 백성에게 가서 말하기를 너희가 듣기는 들어도 도무지 깨닫지 못하며 보기는 보아도 도무지 알지 못하는도다
27 이 백성들의 마음이 우둔하여져서 그 귀로는 둔하게 듣고 그 눈은 감았으니 이는 눈으로 보고 귀로 듣고 마음으로 깨달아 돌아오면 내가 고쳐 줄까 함이라 하였으니
28 그런즉 하나님의 이 구원이 이방인에게로 보내어진 줄 알라 그들은 그것을 들으

리라 하더라
29 (없음)
30 바울이 온 이태를 자기 셋집에 머물면서 자기에게 오는 사람을 다 영접하고
31 하나님의 나라를 전파하며 주 예수 그리스도에 관한 모든 것을 담대하게 거침없이 가르치더라

～～～～～～～～～～～～～～～～～～～～

인생이란 무엇일까요? 모든 사람은 매일의 삶을 통해서 자신의 인생을 만들어 갑니다. 그러므로 모든 사람은 인생에 대한 전문가가 되어야 합니다. 아마추어처럼 살지 말고 프로처럼 인생을 살아야 합니다. 담대하고 거침없는 인생을 살아야 합니다. 바울은 누구보다 인생을 프로처럼 잘 살았던 사람입니다. "하나님의 나라를 전파하며 주 예수 그리스도에 관한 모든 것을 담대하게 거침없이 가르치더라"(31절). 이 세상의 본질은 하나님의 나라이고, 바울은 하나님의 나라를 담대하고 거침없이 전파했습니다.

사람을 가리지 말고 하나님의 나라를 전파하라

아무리 작은 볼록 렌즈라 할지라도 초점을 맞추면 종이를 태울 수 있습니다. 하지만 큰 렌즈라 할지라도 초점이 맞지 않으면 연기도 나지 않습니다. 렌즈, 종이, 태양 등 불을 낼 수 있는 조건이 다 있어도 집중하지 않으면 아무 일도 일어나지 않습니다. 인생 역시 집중에 따라 질적 차이를 만들어 냅니다. 바울은 인생의 초점을 오직 하나님의 나라를 전파하는 것에 두고 집중했습니다. 그래서 그는 감옥에 있더라도 복

음의 불을 지피는 인생을 살았던 것입니다. 바울이 로마에 도착한 때는 A.D. 62년경이고 순교한 때는 A.D. 67년경으로 알려져 있습니다. 바울은 지금 인생의 마지막 시기를 보내고 있습니다. 바울은 무엇을 하며 인생의 말년을 보내고 있나요? "그들이 날짜를 정하고 그가 유숙하는 집에 많이 오니 바울이 아침부터 저녁까지 강론하여 하나님의 나라를 증언하고 모세의 율법과 선지자의 말을 가지고 예수에 대하여 권하더라"(23절). 그는 아침부터 저녁까지 하나님의 나라를 강론했습니다. 바울은 자신을 찾아오는 모든 사람이 하나님을 만나길 원하는 마음으로 다양한 방법을 활용하여 그들에게 복음을 전했습니다. 그들 중에는 신분이 높은 사람도 있고 낮은 사람도 있었습니다. 바울이 전한 복음을 듣고, 믿는 사람도 있고 믿지 않는 사람도 있었습니다(24절). 하지만 복음을 향한 바울의 반응은 사람들의 반응에 따라 흔들리지 않았습니다. 사람을 가리지 않고 하나님의 나라를 전파했습니다.

🏛 상황을 가리지 말고 하나님의 나라를 전파하라

바울은 2년 동안 셋집에 머물러 있었습니다(30절). 편안하게 집을 얻어서 산 것이 아니라 가택연금 상태였습니다. 바울의 모습은 갇혀 있는 죄수의 모습이었습니다. 하지만 바울은 초라한 감옥 속에서도 웅장한 하나님의 나라를 전파합니다. 힘든 상황이 지속되면 사람이 찾아오는 것도 귀찮을 수 있습니다. 하지만 바울은 자신을 찾아오는 모든 사람을 환영하고 모든 사람에게 "예수 그리스도에 관한 모든 것을 담대하게 거침없이"(31절) 가르쳤습니다. 어떤 상황과 환경도 하나님의 나라를 향한 그의 열정을 막을 수 없었습니다. 바울은 환경을 탓하지 않고 모든 환경 속에서 복음을 전했습니다. 바울은 심지어 깊은 감옥에 갇혀 아무도 만나지 못할 때는 편지를 써서라도 감옥 밖에 있는 사람들에게 하나님의 나라를 전파했습니다. 에베소서, 빌립보서, 골로새서, 빌레몬서는 그렇게 만들어졌습니다. 바울은 상황과 상관없이 자신에게 주어진 사명을 위해 살아갔습니다. "주께서 이르시되 가라 이 사람은 내 이름을 이방인과 임금들과 이스라엘 자손들에게 전하기 위하여 택한 나의 그릇이라"(행 9:15). 하나님의 나라를 전하지 못할 상황은 없습니다. 어떤 상황 속에도 하나님의 나라를 전하는 가정이 되길 바랍니다.

사도행전은 28장으로 끝이 나지만 그 결론은 열린 결말입니다. 성경의 분량 때문에 28장에서 끝나지만, 우리의 삶을 통해서 사도행전의 29장이 기록되어야 합니다. 담대하게 거침없이 사도행전 29장의 역사를 기록해 가는 가정이 되길 축복합니다.

📍 나눔

1. 내가 인생에서 몰입하고 있는 것은 무엇입니까? 내 인생의 가장 중요한 가치를 가족과 나눠 보세요.
2. 모든 능력과 조건이 허락되어 담대하게 거침없이 무엇인가를 할 수 있다면 무엇을 하고 싶은지 가족과 나눠 보세요.

📍 기도

하나님께서 허락하신 모든 것을 통해 하나님의 나라를 전파하는 가정이 되길 원합니다. 세상의 눈치를 보며 소심하게 살지 않게 하소서. 우리 가정을 통해 사도행전의 역사가 이어지길 소망합니다. 삶의 이유이신 예수님의 이름으로 기도합니다. 아멘.

📍 우리 가족 이번 주 미션

예수님을 아는 것이 세상을 이기는 힘이다

11월 첫째 주

히브리서 1장 1-9절
찬송가 130장 찬란한 주의 영광은

히브리서 1장 1-9절

1 옛적에 선지자들을 통하여 여러 부분과 여러 모양으로 우리 조상들에게 말씀하신 하나님이
2 이 모든 날 마지막에는 아들을 통하여 우리에게 말씀하셨으니 이 아들을 만유의 상속자로 세우시고 또 그로 말미암아 모든 세계를 지으셨느니라
3 이는 하나님의 영광의 광채시요 그 본체의 형상이시라 그의 능력의 말씀으로 만물을 붙드시며 죄를 정결하게 하는 일을 하시고 높은 곳에 계신 지극히 크신 이의 우편에 앉으셨느니라
4 그가 천사보다 훨씬 뛰어남은 그들보다 더욱 아름다운 이름을 기업으로 얻으심이니
5 하나님께서 어느 때에 천사 중 누구에게 너는 내 아들이라 오늘 내가 너를 낳았다 하셨으며 또 다시 나는 그에게 아버지가 되고 그는 내게 아들이 되리라 하셨느냐
6 또 그가 맏아들을 이끌어 세상에 다시 들어오게 하실 때에 하나님의 모든 천사들은 그에게 경배할지어다 말씀하시며

7 또 천사들에 관하여는 그는 그의 천사들을 바람으로, 그의 사역자들을 불꽃으로 삼으시느니라 하셨으되
8 아들에 관하여는 하나님이여 주의 보좌는 영영하며 주의 나라의 규는 공평한 규이니이다
9 주께서 의를 사랑하시고 불법을 미워하셨으니 그러므로 하나님 곧 주의 하나님이 즐거움의 기름을 주께 부어 주를 동류들보다 뛰어나게 하셨도다 하였고

초대교회 성도들은 예수 그리스도를 믿기 이전에 유대교를 믿었습니다. 예수를 믿게 되자 이전과는 다른 삶의 고통도 함께 따라왔습니다. 예수를 믿는다는 이유만으로 고난을 당했습니다. 핍박을 당하고, 직장에서 쫓겨나고, 재산을 잃고, 자유를 잃었습니다. 무엇보다 율법을 범한 죄인이라는 낙인이 찍혔습니다. 목숨처럼 귀하게 여기는 성전 안에 들어가서 제사도 드릴 수 없었습니다. 핍박과 협박이 계속되자 예수 믿기를 포기하고 이전의 유대교로 돌아가는 사람들이 나오기 시작했습니다. 이런 배경 속에서 히브리서가 기록되었습니다. 믿음 때문에 고난을 당한 성도들을 응원하며 믿음 위에 굳게 설 것을 권면하는 책이 히브리서입니다. 결론적으로 말하면, 고난을 이길 유일한 해답은 예수 그리스도를 명확히 아는 것입니다. 예수님이 누구인지를 알면 세상을 이길 수 있습니다.

예수님은 하나님의 아들이시다

유대인들은 선지자들을 통해 하나님에 대해서 알아 왔습니다. 선지

자들이 하나님의 말씀을 전하는 부분만큼 하나님에 관하여 알았습니다. 그런데 하나님이 이제는 선지자가 아닌 아들 예수님을 이 땅에 보내셨습니다. "이 모든 날 마지막에는 아들을 통하여 우리에게 말씀하셨으니 이 아들을 만유의 상속자로 세우시고 또 그로 말미암아 모든 세계를 지으셨느니라"(2절). 선지자들은 하나님에 대해서 부분적으로 알았으나, 아들은 하나님을 온전히 압니다. 아들이 곧 하나님입니다. 아들을 통하여 이 세계는 창조되었습니다. 하나님의 영광의 광채이신 예수님은 능력으로 만물을 붙들고 계십니다. 하나님은 세상의 모든 것을 예수 그리스도의 발아래, 그분의 손안에 두셨습니다. 예수님이 하나님의 아들이란 사실이 예수님 때문에 당하는 고난을 이기게 합니다. 예수님이 만유를 다스리시기에 믿음 때문에 당하는 우리의 모든 고난 역시 예수님 안에서 다스려집니다. 초대교회 교인들은 사방으로 욱여쌈을 당하는 고통 중에도 '예수님은 하나님의 아들'이라는 믿음으로 넉넉히 이기는 삶을 살았습니다. 이와 같은 사실은 초대교회 교인들의 환경과는 비교도 할 수 없을 만큼 편안한 시대를 살아가는 우리에게 큰 도전이 됩니다.

예수님은 천사보다 뛰어나시다

본문 말씀은 많은 분량을 할애하여 예수님과 천사를 비교합니다. 이는 당시의 시대적 배경 때문입니다. 유대인들은 모세와 천사를 가장 위대한 피조물로 여겼습니다. 그래서 하나님과 사람 사이의 강력한 중보

자가 천사라고 생각했습니다. 바울 역시 이러한 배경 속에서 천사를 언급한 적이 있습니다. "천사들을 통하여 한 중보자의 손으로 베푸신 것인데 약속하신 자손이 오시기까지 있을 것이라"(갈 3:19b). 성경은 이런 배경 속에서 천사와 예수님을 비교함으로써 예수님이 얼마나 위대한 분인지를 강조합니다. 예수님이 천사보다 뛰어남을 강조하기 위해서 구약성경 일곱 구절을 언급합니다. 그 내용을 요약하면 다음과 같습니다. 첫째, 예수님은 하나님의 참 아들이십니다. 둘째, 예수님은 천사들의 경배와 섬김을 받으시기에 합당하십니다. 셋째, 예수님은 하나님의 높은 권세를 가지신 왕이십니다. 넷째, 예수님은 영원무궁하신 창조주이십니다. 다섯째, 예수님은 모든 대적을 이기시고 심판주가 되십니다. 구약 말씀에 대한 권위와 천사의 위대함을 믿었던 유대인들의 입장에서 이 말씀을 들을 때 예수님의 위대함을 인정할 수밖에 없었을 것입니다. 예수 그리스도는 왕이시며, 하나님의 아들이시고, 세상을 심판하시는 분이며, 우리의 구원자이십니다. 이 사실을 믿는다면 절대로 믿음의 길에서 벗어날 수 없습니다.

예수님을 아는 것이 우리의 힘입니다. 바른 믿음이 바른 삶으로 인도합니다. 감히 초대교회와는 비교할 수 없지만 오늘날도 믿음 때문에 오는 어려움과 고통이 있습니다. 고통은 절대로 하나님을 향한 우리의 믿음을 빼앗을 수 없습니다. 진리를 안다면 고통은 도리어 믿음을 단단하게 만들 뿐입니다. 예수님을 아는 힘으로 세상을 이기는 가정이 되길 축복합니다.

📍 나눔

1. 믿음이 흔들리거나 포기하고 싶었던 적이 있다면 가족과 나눠 보세요.
2. 예수님은 나에게 어떤 분이신지, 내가 확신하는 예수님에 대해서 가족과 나눠 보세요.

📍 기도

예수님을 알고, 예수님으로 살고, 예수님으로 죽는 가정이 되길 원합니다. 어제보다 오늘 예수님을 더 많이 알고 사랑하는 가정이 되게 하소서. 예수를 아는 힘으로 살아가는 가정이 되길 원합니다. 우리의 힘이 되시는 예수님의 이름으로 기도합니다. 아멘.

📍 우리 가족 이번 주 미션

깊이 생각해야 할 것

11월 둘째 주

히브리서 3장 1-6절
찬송가 91장 슬픈 마음 있는 사람

히브리서 3장 1-6절

1. 그러므로 함께 하늘의 부르심을 받은 거룩한 형제들아 우리가 믿는 도리의 사도이시며 대제사장이신 예수를 깊이 생각하라
2. 그는 자기를 세우신 이에게 신실하시기를 모세가 하나님의 온 집에서 한 것과 같이 하셨으니
3. 그는 모세보다 더욱 영광을 받을 만한 것이 마치 집 지은 자가 그 집보다 더욱 존귀함 같으니라
4. 집마다 지은 이가 있으니 만물을 지으신 이는 하나님이시라
5. 또한 모세는 장래에 말할 것을 증언하기 위하여 하나님의 온 집에서 종으로서 신실하였고
6. 그리스도는 하나님의 집을 맡은 아들로서 그와 같이 하셨으니 우리가 소망의 확신과 자랑을 끝까지 굳게 잡고 있으면 우리는 그의 집이라

사람은 하루에 5~6만 가지의 생각을 한다고 합니다. 정말 오만 가지 생각을 다 합니다. 그런데 그중 대부분은 무의식 중의 생각이라고 합니다. 또한 부정적인 생각, 비이성적인 생각, 왜곡적인 생각이 많습니다. 모든 사람이 다 오만 가지 생각을 하면서도 정말 해야 할 중요한 생각을 하지 못합니다. 인생 문제의 실체를 만나기 위해선 생각의 양이 아닌 깊이가 필요합니다. 본문은 이 땅에 살아가면서 정말 깊이 생각해야 할 것을 제시합니다.

이 땅을 지은 창조자를 기억하라

우리가 살고 있는 집은 저절로 생겨난 것이 아닙니다. 저절로 생겨났다고 말하는 사람이 있다면 이상한 사람입니다. 집이 있다면 반드시 집을 만든 사람이 있습니다. 누군가가 집을 설계하고 지었을 것입니다. 이 땅의 수많은 집 중에 저절로 생겨난 것은 하나도 없습니다. 같은 이치로, 이 세상 만물을 볼 때 우리가 반드시 생각해야 할 것은 이 땅을 창조하신 분입니다. "집마다 지은 이가 있으니 만물을 지으신 이는 하나님이시라"(4절). 훌륭한 예술 작품을 보면 이 작품을 만든 사람은 누구이며, 어떤 삶을 살았고, 어떤 생각으로 이 작품을 만들었을까 궁금해집니다. 작품을 만든 사람을 이해해야 그 작품을 깊이 이해할 수 있기 때문입니다. 눈에 보이는 이 세상을 깊이 이해하기 위해서는 이 세상을 만드신 하나님을 깊이 이해해야 합니다. 하나님은 어떤 분이시며, 어떤 목적으로 이 땅으로 만드셨는지, 그리고 이 땅이 어떻게 움직이게 만드셨는지를 알아야 세상을 깊이 이해할 수 있습니다. 성경은 첫 줄에 이 사실을 명확히 기록했습니다. "하나님이 천지를 창조하시니라"(창 1:1). 그리고 당연히 "집 지은 자가 그 집보다 더욱 존귀"(3b절)합니다. 우리는 이 땅보다 이 땅을 지으신 하나님을 더욱 깊이 생각해야 합니다. 이 땅의 문제보다 이 땅의 모든 문제를 해결하시는 하나님을 더욱 깊이 묵상하는 가정이 되길 축복합니다.

집을 맡은 분을 깊이 생각하라

성경은 이 땅을 집으로 묘사하고 이 땅을 지은 분과 이 땅을 맡은 사람을 구분하여 설명합니다. 이 땅을 지은 하나님은 먼저 모세에게 이 땅을 맡기셨습니다. 모세는 "하나님의 온 집에서 종으로서 신실"(5절) 하였습니다. 모세 이후에 집을 맡은 분은 예수 그리스도입니다. 그런데 예수 그리스도는 종으로 집을 맡은 것이 아니라 아들로서 집을 맡았습니다. "그리스도는 하나님의 집을 맡은 아들로서 그와 같이 하셨으니 우리가 소망의 확신과 자랑을 끝까지 굳게 잡고 있으면 우리는 그의 집이라"(6절). 종과 아들은 완전히 다른 개념입니다. 모세는 율법을 상징하고 예수 그리스도는 은혜를 상징합니다. "율법은 모세로 말미암아 주어진 것이요 은혜와 진리는 예수 그리스도로 말미암아 온 것이라"(요 1:17). 집은 다스리는 사람에 따라 집을 다스리는 방식이 바뀝니다. 이제는 율법이 아닌 은혜의 방식입니다. 은혜의 시대를 살아가는 우리는 예수님을 깊이 묵상해야 합니다. "그러므로 함께 하늘의 부르심을 받은 거룩한 형제들아 우리가 믿는 도리의 사도이시며 대제사장이신 예수를 깊이 생각하라"(1절). 우리 인생의 빈곤은 예수님을 깊이 생각하지 못하는 빈약함에서 옵니다. 예수님을 깊이 생각할 때 뿌리 깊은 나무처럼 흔들림 없는 인생을 살아가게 될 것입니다.

요즘 무슨 생각을 주로 하나요? 어떤 문제로 고민하고 있나요? 그 문제를 잠시 내려놓고 이 땅을 창조하신 하나님을 깊이 생각해 보시기 바랍니다. 이 땅을 다스리시는 예수님을 깊이 묵상해 보시기 바랍니다. 그럴 때 우리의 문제는 작아지거나 사라지고 우리의 생각과 마음이 하나님과 예수님으로 가득 차게 될 것입니다.

나눔

1. 요즘 가장 많이 하는 생각이 무엇인지 가족과 나눠 보세요.
2. 하나님이 세상을 창조하시고, 예수님이 모든 것을 다스리신다는 믿음이 있는 사람과 없는 사람의 삶은 어떻게 다를까요? 이 부분에 대해서 가족과 나눠 보세요.

기도

하나님, 우리 가정 안에 세상의 염려가 사라지게 하소서. 오직 창조주 하나님과 다스리시는 예수님에 대한 이야기가 가득하길 원합니다. 온 세상을 다스리시는 예수님이 우리 가정 역시 다스리심을 믿습니다. 그 믿음 안에 안전히 거하는 가정이 되게 하소서. 우리 가정의 주인이신 예수님의 이름으로 기도합니다. 아멘.

우리 가족 이번 주 미션

하나님의 맹세

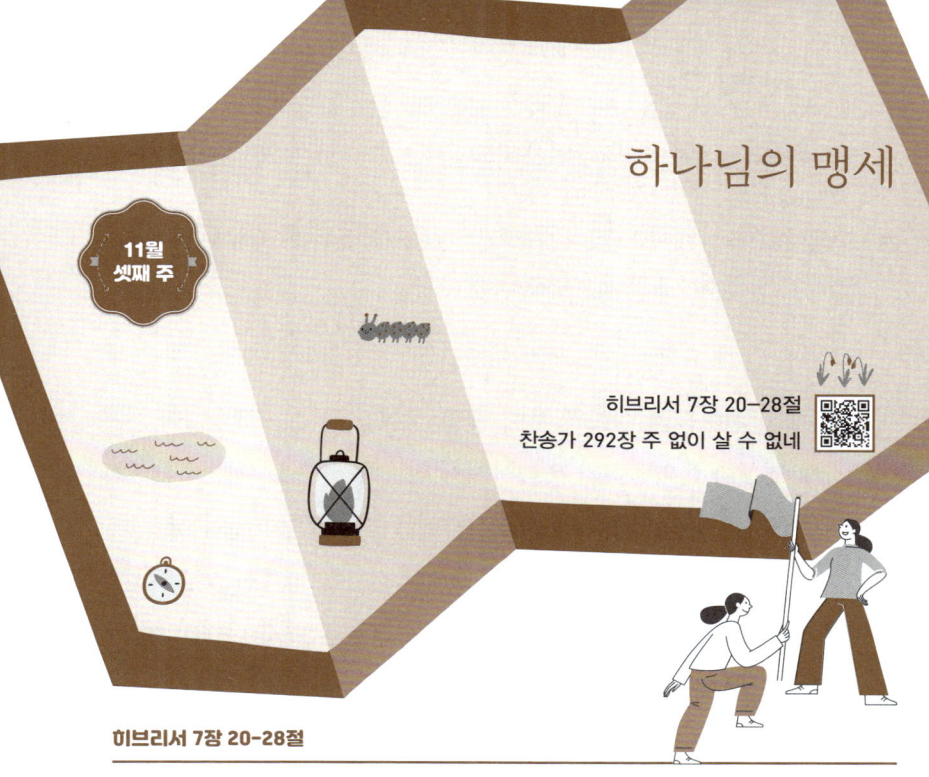

11월 셋째 주

히브리서 7장 20-28절
찬송가 292장 주 없이 살 수 없네

히브리서 7장 20-28절

20 또 예수께서 제사장이 되신 것은 맹세 없이 된 것이 아니니
21 (그들은 맹세 없이 제사장이 되었으되 오직 예수는 자기에게 말씀하신 이로 말미암아 맹세로 되신 것이라 주께서 맹세하시고 뉘우치지 아니하시리니 네가 영원히 제사장이라 하셨도다)
22 이와 같이 예수는 더 좋은 언약의 보증이 되셨느니라
23 제사장 된 그들의 수효가 많은 것은 죽음으로 말미암아 항상 있지 못함이로되
24 예수는 영원히 계시므로 그 제사장 직분도 갈리지 아니하느니라
25 그러므로 자기를 힘입어 하나님께 나아가는 자들을 온전히 구원하실 수 있으니 이는 그가 항상 살아 계셔서 그들을 위하여 간구하심이라
26 이러한 대제사장은 우리에게 합당하니 거룩하고 악이 없고 더러움이 없고 죄인에게서 떠나 계시고 하늘보다 높이 되신 이라
27 그는 저 대제사장들이 먼저 자기 죄를 위하고 다음에 백성의 죄를 위하여 날마

다 제사 드리는 것과 같이 할 필요가 없으니 이는 그가 단번에 자기를 드려 이루셨음이라
28 율법은 약점을 가진 사람들을 제사장으로 세웠거니와 율법 후에 하신 맹세의 말씀은 영원히 온전하게 되신 아들을 세우셨느니라

어릴 때는 친구들과 대화를 하며 종종 맹세를 하고는 했습니다. 자기주장의 명백함을 입증하기 위해서 무엇인가를 걸고 맹세를 하는 것입니다. 보통 아빠, 엄마를 보증으로 맹세합니다. 성인이 되어서는 보증 설 일이 종종 생깁니다. 이때 역시 자신의 신분을 명확히 보증해 줄 무엇인가를 제시해야 합니다. 그런데 오늘 본문을 보면 하나님이 맹세를 하십니다. 맹세를 하기 위해서는 맹세하는 사람보다 더 크고 확실한 것을 보증으로 걸고 맹세를 해야 하는데, 하나님보다 큰 존재는 없습니다. 그런데도 하나님은 믿음이 없는 인간을 설득하기 위해서 맹세까지 하십니다. "또 예수께서 제사장이 되신 것은 맹세 없이 된 것이 아니니"(20절). 사람들이 믿지 않으면 안 믿는 대로 놔두면 되는데 하나님은 사람을 포기할 수 없어서 자신을 걸고 맹세까지 하십니다. 하나님의 맹세는 사람을 향한 하나님의 간절한 마음의 표현입니다. 하나님께서 맹세까지 하시면서 이 땅에 보내신 예수 그리스도는 어떤 분인가요?

예수님은 완전한 제사를 드리셨다

예수님은 단번에 완전한 제사를 드리셨습니다. "그는 저 대제사장들이 먼저 자기 죄를 위하고 다음에 백성의 죄를 위하여 날마다 제사 드리는 것과 같이 할 필요가 없으니 이는 그가 단번에 자기를 드려 이루셨음이라"(27절). 이 사실은 당시 유대인의 입장에서는 혁명과도 같은 생각이었습니다. 유대인들은 대제사장들을 통해서 제사를 드렸습니다. 제사를 인도하는 대제사장 역시 사람이기에 제사를 드리기 전에 먼저 자신의 죄를 씻어야만 제사를 진행할 수 있었습니다. 즉, 예수님 이전까지의 제사는 인도하는 사람도 불완전한 제사였습니다. 또한 제물 역시 불완전했습니다. 인간의 피가 아닌 짐승의 피로 대신하여 제사를 드렸지만 짐승은 인간을 완전히 대신할 수 없습니다. 그래서 지속적이고 반복적으로 짐승을 잡아 피를 흘려야 했습니다. 하지만 예수님은 완전한 자신을 제물로 드려 제사를 완전하게 하셨습니다. "염소와 송아지의 피로 하지 아니하고 오직 자기의 피로 영원한 속죄를 이루사 단번에 성소에 들어가셨느니라"(히 9:12). 예수님의 제사는 인도하는 사람과 제물을 동시에 완전하게 하는 제사입니다. 그러하기에 예수님을 믿는 순간 우리의 모든 죄는 단번에 사함을 받습니다.

예수님은 온전한 구원을 이루셨다

하나님은 예수님을 통해서 온전한 구원을 이루도록 하셨습니다.

"그러므로 자기를 힘입어 하나님께 나아가는 자들을 온전히 구원하실 수 있으니 이는 그가 항상 살아 계셔서 그들을 위하여 간구하심이라"(25절). 제사장들의 제사는 불완전하고 제한적인 제사였습니다. 하지만 예수님은 십자가에서 단번에 죽으시고 죄와 사망의 권세를 이기고 살아나심으로 완전한 제사를 이루셨습니다. 바울은 이렇게 고백합니다. "또 십자가로 이 둘을 한 몸으로 하나님과 화목하게 하려 하심이라 원수 된 것을 십자가로 소멸하시고"(엡 2:16). 예수님은 백성이 하나님과 화목하게 하기 위해 십자가를 지심으로 원수 된 것을 소멸하셨습니다. 예수님의 제사만이 원수 된 것을 소멸합니다. 하나님과의 막힌 담을 허물어 버립니다. 예수님의 온전한 제사를 통해서 우리는 하나님의 보좌 앞에 담대히 나아갈 수 있게 되었습니다.

예수님은 하나님의 맹세입니다. 하나님은 예수님을 통해서 완전한 제사를 받으셨습니다. 하나님은 예수님을 통해서 온전한 구원을 이루셨습니다. 우리에게는 또 다른 제사장과 제물이 필요하지 않습니다. 우리는 더 이상 죄의 영향력 아래 살 필요가 없습니다. 예수님을 믿으면 모든 죄의 문제가 해결됩니다. 하나님은 이 사실이 너무나 명백하기에 맹세까지 하셨습니다. 예수님 안에서 죄의 문제를 완전히 해결하고 날마다 승리하는 가정이 되길 축복합니다.

📍 나눔

1. 죄로 인해서 고통스럽고 힘든 순간이 있었나요? 그때 어떻게 죄의 문제를 해결했는지 가족과 나눠 보세요.
2. 예수님의 십자가를 의지하여 속죄의 경험을 한 적이 있나요? 그때 생각과 마음에 어떤 변화가 있었는지 가족과 나눠 보세요.

📍 기도

우리 가정을 설득하시기 위해서 맹세까지 하신 하나님, 진심으로 감사합니다. 우리 가정이 날마다 십자가를 의지하여 하나님 앞으로 담대히 나아가는 가정이 되게 하소서. 십자가로 죄를 이기는 삶을 살게 하소서. 구원자이신 예수님의 이름으로 기도합니다. 아멘.

📍 우리 가족 이번 주 미션

_____
_____
_____
_____
_____
_____
_____
_____
_____
_____

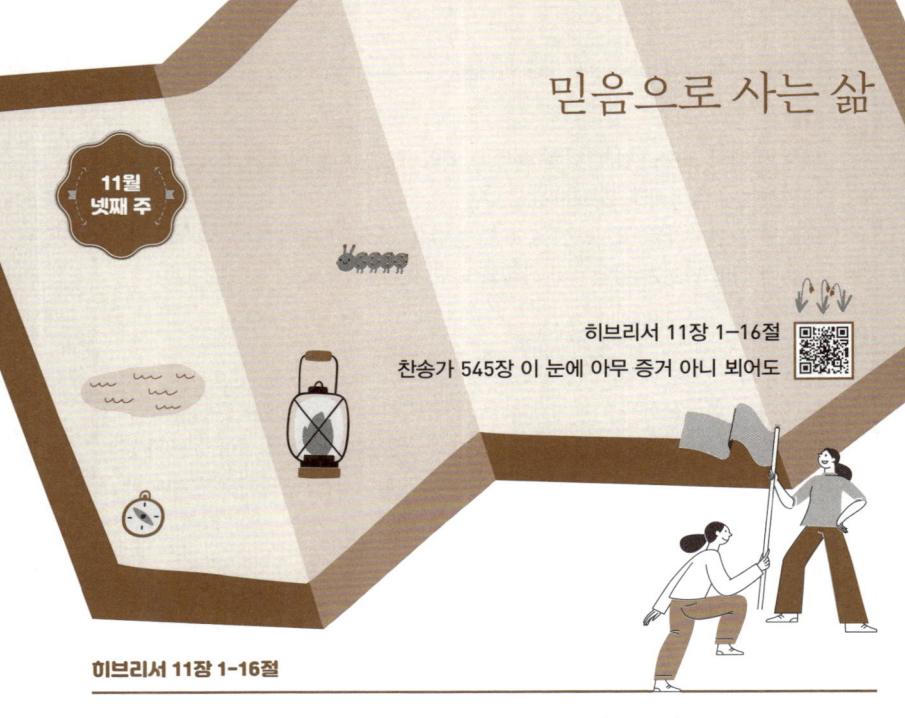

믿음으로 사는 삶

11월 넷째 주

히브리서 11장 1-16절
찬송가 545장 이 눈에 아무 증거 아니 뵈어도

히브리서 11장 1-16절

1 믿음은 바라는 것들의 실상이요 보이지 않는 것들의 증거니
2 선진들이 이로써 증거를 얻었느니라
3 믿음으로 모든 세계가 하나님의 말씀으로 지어진 줄을 우리가 아나니 보이는 것은 나타난 것으로 말미암아 된 것이 아니니라
4 믿음으로 아벨은 가인보다 더 나은 제사를 하나님께 드림으로 의로운 자라 하시는 증거를 얻었으니 하나님이 그 예물에 대하여 증언하심이라 그가 죽었으나 그 믿음으로써 지금도 말하느니라
5 믿음으로 에녹은 죽음을 보지 않고 옮겨졌으니 하나님이 그를 옮기심으로 다시 보이지 아니하였느니라 그는 옮겨지기 전에 하나님을 기쁘시게 하는 자라 하는 증거를 받았느니라
6 믿음이 없이는 하나님을 기쁘시게 하지 못하나니 하나님께 나아가는 자는 반드시 그가 계신 것과 또한 그가 자기를 찾는 자들에게 상 주시는 이심을 믿어야 할

지니라

7 믿음으로 노아는 아직 보이지 않는 일에 경고하심을 받아 경외함으로 방주를 준비하여 그 집을 구원하였으니 이로 말미암아 세상을 정죄하고 믿음을 따르는 의의 상속자가 되었느니라
8 믿음으로 아브라함은 부르심을 받았을 때에 순종하여 장래의 유업으로 받을 땅에 나아갈새 갈 바를 알지 못하고 나아갔으며
9 믿음으로 그가 이방의 땅에 있는 것 같이 약속의 땅에 거류하여 동일한 약속을 유업으로 함께 받은 이삭 및 야곱과 더불어 장막에 거하였으니
10 이는 그가 하나님이 계획하시고 지으실 터가 있는 성을 바랐음이라
11 믿음으로 사라 자신도 나이가 많아 단산하였으나 잉태할 수 있는 힘을 얻었으니 이는 약속하신 이를 미쁘신 줄 알았음이라
12 이러므로 죽은 자와 같은 한 사람으로 말미암아 하늘의 허다한 별과 또 해변의 무수한 모래와 같이 많은 후손이 생육하였느니라
13 이 사람들은 다 믿음을 따라 죽었으며 약속을 받지 못하였으되 그것들을 멀리서 보고 환영하며 또 땅에서는 외국인과 나그네임을 증언하였으니
14 그들이 이같이 말하는 것은 자기들이 본향 찾는 자임을 나타냄이라
15 그들이 나온 바 본향을 생각하였더라면 돌아갈 기회가 있었으려니와
16 그들이 이제는 더 나은 본향을 사모하니 곧 하늘에 있는 것이라 이러므로 하나님이 그들의 하나님이라 일컬음 받으심을 부끄러워하지 아니하시고 그들을 위하여 한 성을 예비하셨느니라

성경에 '믿음'이란 단어는 무려 250번 이상 쓰였고, '믿는다'라는 단어는 무려 500번 이상 등장합니다. 성경에 이토록 믿음에 대한 언급이 많은데, 특별히 히브리서 11장을 믿음장이라고 합니다. 그만큼 믿음에 대해서 잘 설명해 주기 때문입니다. 성도의 삶은 한마디로 믿음의 삶

이라고 할 수 있습니다. 그렇다면 믿음이란 무엇이며, 믿음으로 산다는 것은 어떻게 사는 것일까요? 히브리서 11장을 통해서 믿음으로 사는 삶에 대해서 살펴보겠습니다.

믿음이란 보이지 않는 것을 확실히 보는 것이다

1절은 믿음에 대한 정의를 내립니다. "믿음은 바라는 것들의 실상이요 보이지 않는 것들의 증거니"(1절). '…이요'에 해당하는 동사 '에스틴'은 직설법 현재 시제입니다. 이는 항구적으로 항상 그렇다는 것을 나타냅니다. 믿음은 항상 이런 특징을 지닌다는 것입니다. 믿음은 미래와 연결되어 있습니다. "믿음은 바라는 것들의 실상"으로, '실상'이란 '밑에 놓다', '기초를 두다'의 의미를 지니고 있습니다. 즉, 믿음이 있는 사람은 바라는 것이 아직 이루어지지 않았으나 그것에 기초하여 현재를 살아가는 사람입니다. 모든 믿음의 사람은 미래에 받을 성취를 현재에 끌어당겨 살아갑니다. 믿음의 사람에게는 믿음보다 더 분명한 실체가 없습니다. 반면 믿음이 없는 사람은 지금 눈에 보이는 것을 따라, 당장의 이익을 좇아 움직입니다. 믿음이 있는 사람은 "믿음으로 모든 세계가 하나님의 말씀으로 지어진 줄을"(3a절) 압니다. 그래서 믿음이 있는 모든 사람은 말씀의 사람들입니다. 이 세상은 말씀으로 지어졌고 말씀대로 진행됩니다. 믿음의 눈으로 이 세상을 바라보고, 성경에서 선포하는 미래를 확신하는 믿음의 가정이 되기를 축복합니다.

믿음으로 하나님과 동행하는 삶을 살아간다

　믿음으로 사는 사람의 삶의 뿌리는 현실 속에 깊이 박혀 있습니다. 믿음으로 사는 삶이란 현실을 부정하고 산속에 들어가 사는 것이 아닙니다. 누구보다 일상을 열심히 책임 있게 살아가는 것입니다. 본문은 믿음으로 살아간 사람들을 소개합니다. 아벨은 믿음의 예배자입니다. 아벨의 인생은 '예배'라는 단어 외에는 설명할 방법이 없습니다. 그는 죽었으나 지금도 믿음의 예배가 무엇인지를 말해 주고 있습니다(4절). 에녹은 평범한 일상을 하나님과 동행하며 살았습니다. 에녹은 일상생활로 하나님을 기쁘시게 하는 믿음의 사람이었습니다(5절). 노아는 믿음으로 신실하게 방주를 지었습니다. 먹구름 하나 없는 맑은 하늘에 산속에서 방주를 짓는 것은 쉬운 일이 아닙니다. 하지만 노아는 믿음으로 방주를 짓습니다(7절). 아브라함은 하나님이 믿음의 삶으로 초청하셨을 때 갈 바를 알지 못했으나 즉각적으로 순종했습니다(8절). 믿음은 75세의 노인도 새로운 꿈을 꾸게 만듭니다. 믿음으로 사는 삶은 불안과 맞섭니다. 믿음의 삶 뒷면에는 '불안'이라는 글자가 있습니다. 믿음이 아니고서는 경험할 수 없는 하나님의 능력이 있습니다. 믿음이 아니고서는 설명할 수 없는 삶의 영역이 있습니다. 믿음이 보게 하고, 듣게 하고, 경험하게 만듭니다. 믿음으로 하나님과 동행하는 가정이 되길 축복합니다.

　믿음의 사람들은 살 때도 믿음으로 살고 죽을 때도 믿음으로 죽습니다. "이 사람들은 다 믿음을 따라 죽었으며 약속을 받지 못하였으되 그 것들을 멀리서 보고 환영하며 또 땅에서는 외국인과 나그네임을 증언 하였으니"(13절). 믿음의 사람들에게 죽음은 절망의 시간이 아니라 환희의 순간입니다. 나그네로서 모든 짐을 내려놓고 본향으로 가는 순간 이기 때문입니다. 믿음의 사람들은 죽음의 순간에 천국을 '멀리서 보며 환영'합니다. 마치 스데반이 죽음의 순간에 "하나님의 영광과 및 예수께서 하나님 우편에 서신 것을 보고"(행 7:55b). 기쁨으로 외친 것처럼 말입니다. 믿음으로 살고 믿음으로 죽는 가정이 되길 소망합니다.

나눔

1. 믿음에 대한 나만의 정의를 만들어 보세요. '믿음이란 _____ 입니다.'
2. 본문에서 믿음의 사람으로 예를 들고 있는 인물들 가운데 본받고 싶은 믿음의 사람이 있다면 그 이유에 대해서 가족과 나눠 보세요.

기도

하나님, 우리 가정이 믿음으로 바라보고 믿음으로 살고 믿음으로 죽기 바랍니다. 매일 반복되는 일상이지만 하나님과 동행함으로써 특별한 삶을 살게 하소서. 하나님이 부르시면 갈 바를 몰라도 믿음으로 찬양하면서 길을 떠나는 가정이 되게 하소서. 우리를 위한 거처를 예비하신 예수님의 이름으로 기도합니다. 아멘.

우리 가족 이번 주 미션

하나님과 사귀다

12월 첫째 주

요한1서 1장 1-10절
찬송가 28장 복의 근원 강림하사

요한1서 1장 1-10절

1 태초부터 있는 생명의 말씀에 관하여는 우리가 들은 바요 눈으로 본 바요 자세히 보고 우리의 손으로 만진 바라
2 이 생명이 나타내신 바 된지라 이 영원한 생명을 우리가 보았고 증언하여 너희에게 전하노니 이는 아버지와 함께 계시다가 우리에게 나타내신 바 된 이시니라
3 우리가 보고 들은 바를 너희에게도 전함은 너희로 우리와 사귐이 있게 하려 함이니 우리의 사귐은 아버지와 그의 아들 예수 그리스도와 더불어 누림이라
4 우리가 이것을 씀은 우리의 기쁨이 충만하게 하려 함이라
5 우리가 그에게서 듣고 너희에게 전하는 소식은 이것이니 곧 하나님은 빛이시라 그에게는 어둠이 조금도 없으시다는 것이니라
6 만일 우리가 하나님과 사귐이 있다 하고 어둠에 행하면 거짓말을 하고 진리를 행하지 아니함이거니와
7 그가 빛 가운데 계신 것 같이 우리도 빛 가운데 행하면 우리가 서로 사귐이 있고

그 아들 예수의 피가 우리를 모든 죄에서 깨끗하게 하실 것이요
8 만일 우리가 죄가 없다고 말하면 스스로 속이고 또 진리가 우리 속에 있지 아니할 것이요
9 만일 우리가 우리 죄를 자백하면 그는 미쁘시고 의로우사 우리 죄를 사하시며 우리를 모든 불의에서 깨끗하게 하실 것이요
10 만일 우리가 범죄하지 아니하였다 하면 하나님을 거짓말하는 이로 만드는 것이니 또한 그의 말씀이 우리 속에 있지 아니하니라

인간은 사회적 존재로서 누구를 만나고 사귀냐에 따라 인생의 많은 부분이 달라집니다. 그 사람이 만나고 교제하는 사람을 보면 그 사람이 어떤 사람인지 알 수 있습니다. 그래서 많은 관계 전문가가 인생을 바꾸고 싶다면 만나는 사람을 바꾸라고 합니다. 최근에 의미 있는 관계를 맺고 있는 사람은 누구인가요? 그 사람을 가만히 살펴보면 그 속에 우리의 모습도 있다는 것을 알게 될 것입니다. 그런데 오늘 본문에는 다른 종교에서는 절대 언급조차 할 수 없는 문장을 보게 됩니다. "우리가 보고 들은 바를 너희에게도 전함은 너희로 우리와 사귐이 있게 하려 함이니 우리의 사귐은 아버지와 그의 아들 예수 그리스도와 더불어 누림이라"(3절). 신과 인간이 사귄다는 개념이 타 종교에는 없습니다. 생각도 할 수 없습니다. 그런데 하나님은 우리와 사귐을 갖길 원하십니다. 예수님을 믿어 구원을 받으면 하나님과의 사귐이 시작됩니다. 하나님과의 사귐은 우리에게 영광스러운 일입니다. 대통령을 아는 사람이 있고, 대통령과 함께 일하는 사람이 있고, 대통령과 사귀는 사람이 있습니다. 그 어떤 관계도 사귀는 관계보다 친밀한 관계는 없습니다. 하

나님은 우리와 깊은 사귐의 관계를 맺길 원하십니다. 하나님과의 사귐은 어떻게 이루어지고 깊어질까요?

빛으로 나와야 한다

하나님과의 사귐은 어둠 속에서 할 수 없습니다. 빛으로 나와야 사귐이 시작됩니다. "곧 하나님은 빛이시라 그에게는 어둠이 조금도 없으시다는 것이니라"(5b절). 하나님은 빛이시기 때문에 모든 어둠을 밝히십니다. 즉, 하나님과 사귀기 원한다면 삶에 어둠이 있으면 안 됩니다. 숨기는 은밀한 죄가 있으면 안 됩니다. "만일 우리가 하나님과 사귐이 있다 하고 어둠에 행하면 거짓말을 하고 진리를 행하지 아니함이거니와"(6절). 사람과의 관계에서도 서로 잘못된 마음을 품고 속이고 거짓말하고 죄를 짓고 있다면 깊은 관계를 맺을 수가 없습니다. 하나님은 존재 자체가 빛이시기 때문에 어둠과 함께하실 수 없습니다. 빛 아래서 하나님과 깊은 사귐을 누리는 가정이 되길 축복합니다.

죄를 자백해야 한다

사귐의 관계가 깊어지기 위해서는 서로 속이는 것이 없어야 합니다. 진실한 고백은 사귐을 깊게 만듭니다. 하나님은 우리가 연기하듯 사귀는 것이 아니라 진실되게 사귀길 원하십니다. 하나님은 우리의 연약함을 우리보다 더 잘 알고 계십니다. "우리가 아직 죄인 되었을 때에 그리스도께서 우리를 위하여 죽으심으로 하나님께서 우리에 대한 자기의 사랑을 확증하셨느니라"(롬 5:8). 하나님은 우리가 죄인이었고, 죄인인 것을 스스로 알지도 못할 때부터 우리를 사랑하셨습니다. 그러므로 하나님 앞에 "나는 죄인입니다"라는 고백은 전혀 부끄러운 것이 아닙니다. 그런데 많은 사람이 숨길 수 없는 것을 숨기려 합니다. 스스로 죄가 없다고 합니다. "만일 우리가 범죄하지 아니하였다 하면 하나님을 거짓말하는 이로 만드는 것이니 또한 그의 말씀이 우리 속에 있지 아니하니라"(10절). 하나님은 우리의 죄를 용서할 모든 준비가 되셨습니다. "만일 우리가 우리 죄를 자백하면 그는 미쁘시고 의로우사 우리 죄를 사하시며 우리를 모든 불의에서 깨끗하게 하실 것이요"(9절). 하나님 앞에 진실되게 죄를 회개하고 용서를 받아 이전과는 질적으로 다른 사귐의 단계로 들어가는 가정이 되길 바랍니다.

하나님은 우리와 깊은 사귐의 관계를 맺고 싶어 하십니다. 하나님은 우리가 시중드는 종이 되길 원치 않으십니다. 거룩한 사업을 위한 행정가가 되길 원치 않으십니다. 하나님의 나라를 정복할 피도 눈물도 없는 군사가 되길 원치 않으십니다. 하나님은 우리와 깊은 사귐의 교제를 나누길 원하십니다. 빛으로 나와 하나님과 풍성한 사귐을 누리는 가정이 되길 바랍니다.

♥ 나눔

1. 나는 하나님과 깊은 사귐을 누리는 친구인가요? 나와 하나님의 관계를 가족과 나눠 보세요.
2. 빛이신 하나님께 나아가는 것을 막는 나의 어둠은 무엇인지 가족과 나눠 보세요.

♥ 기도

빛이신 하나님, 우리 가정이 하나님의 빛 아래 거하길 원합니다. 우리 가정의 어둠이 하나님의 빛 아래 사라지게 하소서. 하나님과 시간 가는 줄 모르는 깊은 사귐을 누리는 가정이 되게 하소서. 빛이신 예수님의 이름으로 기도합니다. 아멘.

♥ 우리 가족 이번 주 미션

서로 사랑할 것이니라

12월 둘째 주

요한1서 3장 13-24절
찬송가 316장 주여 나의 생명

요한1서 3장 13-24절

13 형제들아 세상이 너희를 미워하여도 이상히 여기지 말라
14 우리는 형제를 사랑함으로 사망에서 옮겨 생명으로 들어간 줄을 알거니와 사랑하지 아니하는 자는 사망에 머물러 있느니라
15 그 형제를 미워하는 자마다 살인하는 자니 살인하는 자마다 영생이 그 속에 거하지 아니하는 것을 너희가 아는 바라
16 그가 우리를 위하여 목숨을 버리셨으니 우리가 이로써 사랑을 알고 우리도 형제들을 위하여 목숨을 버리는 것이 마땅하니라
17 누가 이 세상의 재물을 가지고 형제의 궁핍함을 보고도 도와 줄 마음을 닫으면 하나님의 사랑이 어찌 그 속에 거하겠느냐
18 자녀들아 우리가 말과 혀로만 사랑하지 말고 행함과 진실함으로 하자
19 이로써 우리가 진리에 속한 줄을 알고 또 우리 마음을 주 앞에서 굳세게 하리니
20 이는 우리 마음이 혹 우리를 책망할 일이 있어도 하나님은 우리 마음보다 크시

고 모든 것을 아시기 때문이라
21 사랑하는 자들아 만일 우리 마음이 우리를 책망할 것이 없으면 하나님 앞에서 담대함을 얻고
22 무엇이든지 구하는 바를 그에게서 받나니 이는 우리가 그의 계명을 지키고 그 앞에서 기뻐하시는 것을 행함이라
23 그의 계명은 이것이니 곧 그 아들 예수 그리스도의 이름을 믿고 그가 우리에게 주신 계명대로 서로 사랑할 것이니라
24 그의 계명을 지키는 자는 주 안에 거하고 주는 그의 안에 거하시나니 우리에게 주신 성령으로 말미암아 그가 우리 안에 거하시는 줄을 우리가 아느니라

세상과 가장 극명하게 구분되는 성도의 인격적 특징은 사랑입니다. 사랑은 감정이 아니라 사랑의 대상과 함께하겠다는 결단입니다. 세상은 사람을 물건처럼 취급하여 등급을 나누고 가격을 매기고 필요에 따라 활용합니다. 반면, 성경은 사랑받을 조건이 없는 사람도 민망해할 정도로 사랑하라고 말합니다. 누구든지 사랑에 흠뻑 젖게 하라고 말합니다. 그렇게 사랑하는 것은 어떻게 하는 것일까요?

예수님께서 사랑하신 것처럼 사랑해야 한다

죄성을 지닌 인간에게 사랑은 부자연스러운 행위입니다. 사랑은 배워서 익혀야 하며 따라가야 할 모델이 필요합니다. 우리의 모델은 예수 그리스도입니다. "그가 우리를 위하여 목숨을 버리셨으니 우리가 이로써 사랑을 알고 우리도 형제들을 위하여 목숨을 버리는 것이 마땅하니

라"(16절). 사랑을 모르던 우리는 예수님에게서 사랑을 배웠습니다. 예수님이 사랑으로 우리를 살리셨듯이, 우리 역시 사랑으로 사람들을 살리는 삶을 살아야 합니다. 본문 14절은 "우리는 형제를 사랑함으로 사망에서 옮겨 생명으로" 들어갔다고 기록하고 있습니다. "사망에서 옮겨 생명으로" 들어간 것은 완료 시제이고, "형제를 사랑"하는 것은 현재형입니다. 즉, 예수 그리스도의 사랑으로 생명을 이미 얻은 사람이 지속적으로 형제를 사랑할 수 있는 것입니다. 죄로 인해 죽어야 했던 우리는 예수님 덕분에 살아났습니다. 이제 덤으로 살아가는 우리의 삶은 온통 사랑의 삶이어야 합니다. 우리를 향한 예수님의 사랑을 묵상할 때 사랑하지 못할 사람이 없습니다.

행함과 진실함으로 사랑해야 한다

사랑은 행동으로 보여야 합니다. 말로만 하는 사랑처럼 가벼운 사랑이 없습니다. 말로만 하는 사랑은 위선입니다. "누가 이 세상의 재물을 가지고 형제의 궁핍함을 보고도 도와 줄 마음을 닫으면 하나님의 사랑이 어찌 그 속에 거하겠느냐 자녀들아 우리가 말과 혀로만 사랑하지 말고 행함과 진실함으로 하자"(17-18절). 누군가의 궁핍함을 '보고도' 도와줄 마음을 '닫으면' 그 사람은 하나님의 사랑을 모르는 사람입니다. 마음을 닫는 것은 의지적인 노력이 들어간 것입니다. 결국 누군가를 사랑하지 않는 것은 그 사람의 굳은 의지가 들어간 것입니다. 야고보서 역시 진실한 사랑의 행함을 강조합니다. "만일 형제나 자매가

헐벗고 일용할 양식이 없는데 너희 중에 누구든지 그에게 이르되 평안히 가라, 덥게 하라, 배부르게 하라 하며 그 몸에 쓸 것을 주지 아니하면 무슨 유익이 있으리요 이와 같이 행함이 없는 믿음은 그 자체가 죽은 것이라"(약 2:15-17). 무서운 말씀입니다. 행함이 없는 믿음은 생명이 없는 믿음입니다.

자신이 얼마나 큰 사랑을 받은 사람인지 깨달을 때 진실한 사랑을 실천할 수 있습니다. 예수님은 우리를 살리기 위해서 생명을 주셨습니다. 예수님의 사랑으로 살아난 우리의 삶은 사랑의 연속이어야 합니다. "이로써 우리가 진리에 속한 줄을 알고 또 우리 마음을 주 앞에서 굳세게 하리니"(19절).

📍 나눔

1. 지금까지 경험한 사랑 가운데 가장 깊은 사랑은 어떤 사랑이었는지 가족과 나눠 보세요.
2. 이번 한 주간 행함과 진실함으로 사랑을 실천할 계획을 세워 보세요.

📍 기도

우리를 사랑하시되 아낌없이 사랑하시는 하나님, 감사합니다. 하나님의 사랑이 온 땅 가운데 충만한 것처럼, 우리 가정 역시 사랑으로 충만하길 원합니다. 행함과 진실함으로 사랑을 실천하는 가정이 되게 하소서. 사랑하는 예수님의 이름으로 기도합니다. 아멘.

📍 우리 가족 이번 주 미션

때가 가까우니라

12월 셋째 주

요한계시록 1장 1-11절
찬송가 210장 시온성과 같은 교회

요한계시록 1장 1-11절

1   예수 그리스도의 계시라 이는 하나님이 그에게 주사 반드시 속히 일어날 일들을 그 종들에게 보이시려고 그의 천사를 그 종 요한에게 보내어 알게 하신 것이라

2   요한은 하나님의 말씀과 예수 그리스도의 증거 곧 자기가 본 것을 다 증언하였느니라

3   이 예언의 말씀을 읽는 자와 듣는 자와 그 가운데에 기록한 것을 지키는 자는 복이 있나니 때가 가까움이라

4   요한은 아시아에 있는 일곱 교회에 편지하노니 이제도 계시고 전에도 계셨고 장차 오실 이와 그의 보좌 앞에 있는 일곱 영과

5   또 충성된 증인으로 죽은 자들 가운데에서 먼저 나시고 땅의 임금들의 머리가 되신 예수 그리스도로 말미암아 은혜와 평강이 너희에게 있기를 원하노라 우리를 사랑하사 그의 피로 우리 죄에서 우리를 해방하시고

6   그의 아버지 하나님을 위하여 우리를 나라와 제사장으로 삼으신 그에게 영광과

능력이 세세토록 있기를 원하노라 아멘
7 볼지어다 그가 구름을 타고 오시리라 각 사람의 눈이 그를 보겠고 그를 찌른 자들도 볼 것이요 땅에 있는 모든 족속이 그로 말미암아 애곡하리니 그러하리라 아멘
8 주 하나님이 이르시되 나는 알파와 오메가라 이제도 있고 전에도 있었고 장차 올 자요 전능한 자라 하시더라
9 나 요한은 너희 형제요 예수의 환난과 나라와 참음에 동참하는 자라 하나님의 말씀과 예수를 증언하였음으로 말미암아 밧모라 하는 섬에 있었더니
10 주의 날에 내가 성령에 감동되어 내 뒤에서 나는 나팔 소리 같은 큰 음성을 들으니
11 이르되 네가 보는 것을 두루마리에 써서 에베소, 서머나, 버가모, 두아디라, 사데, 빌라델비아, 라오디게아 등 일곱 교회에 보내라 하시기로

요한계시록이 기록될 당시는 기독교 역사 이래 가장 큰 핍박의 시기였습니다. 당시는 도미티아누스 황제의 통치 시기로, 도미티아누스는 황제 숭배 사상을 나라의 근간으로 삼았습니다. 당연히 예수 그리스도를 믿는 성도들은 핍박의 대상이었고, 요한 역시 밧모섬으로 유배를 가게 되었습니다. 믿음의 절개를 지키는 성도들은 카타콤이라는 지하 묘지로 피신하여 살았습니다. 땅 위에서는 살 수 없으니 땅 아래에서 사는 삶을 선택한 것입니다. 이때 요한은 "때가 가까움이라"(3절)라고 외쳤습니다. 절망의 때가 끝나고 소망의 때가 온다는 것입니다. 하나님이 모든 것을 회복시키실 때가 다가왔다는 것입니다. 우리 역시 오늘을 살 때 종말론적인 신앙을 가지고 살아야 합니다. 오늘 하나님이 오시더라도 기쁘게 맞이할 수 있는 인생을 살아야 합니다. 그때를 준비하기 위

해서 어떻게 살아야 할까요?

🔖 말씀을 읽고, 듣고, 지켜야 한다

마지막 때일수록 변함없는 진리인 말씀에 집중해야 합니다. "이 예언의 말씀을 읽는 자와 듣는 자와 그 가운데에 기록한 것을 지키는 자는 복이 있나니 때가 가까움이라"(3절). 마지막 때가 가까울수록 가짜들이 진짜인 것처럼 소리를 냅니다. 소문에 소문이 일어나서 어떤 것이 진리인지 구분하기 힘들게 됩니다. 그럴 때일수록 말씀을 읽고, 듣고, 지켜야 합니다. 성경을 읽어야 인생 문해력이 강해집니다. 성경을 읽지 않으면 이 세상을 하나님의 관점으로 읽지 못하게 됩니다. 성경 읽기는 칠흑같이 어두운 세상에 한 줄기 빛과 같습니다. 성경을 반복하여 읽으면 삶에 반전이 일어나서 성경대로 살아가는 성경 살기가 가능해집니다. 성경을 읽으면 성경의 사람이 됩니다. '성경 살기'가 안 되면 인생은 부실해집니다. 성경을 읽는 사람에게 성경은 글이 아니라 길입니다. 성경을 더욱 가까이하는 가정이 되길 바랍니다.

🔖 예수 그리스도를 붙잡고 살아야 한다

요한계시록은 "예수 그리스도의 계시라"(1a절)로 시작합니다. 마지막 때를 살아가는 사람들에게 가장 필요한 것은 예수 그리스도의 말씀입니다. 마지막 때는 부수적인 것은 사라지고 본질적인 것만 남습니다.

마지막 때일수록 오직 예수 그리스도만이 드러날 것입니다. 마지막 때는 예수 그리스도의 은혜와 평강이 필요합니다. "또 충성된 증인으로 죽은 자들 가운데에서 먼저 나시고 땅의 임금들의 머리가 되신 예수 그리스도로 말미암아 은혜와 평강이 너희에게 있기를 원하노라 우리를 사랑하사 그의 피로 우리 죄에서 우리를 해방하시고"(5절). 다른 사람이 주는 평안, 세상이 주는 평안으로는 마지막 때를 견딜 수 없습니다. 마지막 때에 우리는 예수님이 구름 타고 오시는 것을 보게 될 것입니다. "볼지어다 그가 구름을 타고 오시리라 각 사람의 눈이 그를 보겠고 그를 찌른 자들도 볼 것이요 땅에 있는 모든 족속이 그로 말미암아 애곡하리니 그러하리라 아멘"(7절). 마지막 때에 모든 사람이 마지막으로 보는 것은 구름을 타고 오시는 예수님입니다. 마지막까지 우리가 의지할 이름은 예수 그리스도뿐입니다.

인생의 노년에 정치범을 가두는 밧모섬에 유배된 요한, 그는 인생을 정리할 시점에 가장 중요한 사명을 받습니다. 환상을 보게 되고 그 내용을 두루마리에 써서 소아시아의 일곱 교회에 보내는 사명을 받습니다. 인생의 마지막에 가장 성령 충만하여 예수 그리스도에 대해서 더욱 많은 것을 알아 갑니다. 우리 가정 역시 마지막 때까지 예수 그리스도를 더욱더 알아 가길 소망합니다.

나눔
1. 예수님이 내일 당장 오시더라도 기쁨으로 맞이할 수 있는지 가족과 나눠 보세요.
2. 내가 사는 동안 예수님이 구름을 타고 오시는 것을 본다면 어떤 느낌일 것 같은지 가족과 나눠 보세요.

기도
하나님, 우리 가정이 종말론적인 신앙으로 살기를 원합니다. 오늘이 인생의 마지막인 것처럼 예수님만을 붙잡으며 살게 하소서. 예수님으로 인한 은혜와 평강이 가득한 가정이 되게 하소서. 곧 오실 예수님의 이름으로 기도합니다. 아멘.

우리 가족 이번 주 미션

사랑의 양면성

12월 넷째 주

요한계시록 2장 1-7절
찬송가 322장 세상의 헛된 신을 버리고

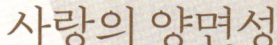

요한계시록 2장 1-7절

1 에베소 교회의 사자에게 편지하라 오른손에 있는 일곱 별을 붙잡고 일곱 금 촛대 사이를 거니시는 이가 이르시되
2 내가 네 행위와 수고와 네 인내를 알고 또 악한 자들을 용납하지 아니한 것과 자칭 사도라 하되 아닌 자들을 시험하여 그의 거짓된 것을 네가 드러낸 것과
3 또 네가 참고 내 이름을 위하여 견디고 게으르지 아니한 것을 아노라
4 그러나 너를 책망할 것이 있나니 너의 처음 사랑을 버렸느니라
5 그러므로 어디서 떨어졌는지를 생각하고 회개하여 처음 행위를 가지라 만일 그리하지 아니하고 회개하지 아니하면 내가 네게 가서 네 촛대를 그 자리에서 옮기리라
6 오직 네게 이것이 있으니 네가 니골라 당의 행위를 미워하는도다 나도 이것을 미워하노라
7 귀 있는 자는 성령이 교회들에게 하시는 말씀을 들을지어다 이기는 그에게는 내

가 하나님의 낙원에 있는 생명나무의 열매를 주어 먹게 하리라

사랑은 한마디의 말로 설명하기 힘든 단어입니다. 사랑에 대한 여러 가지 정의를 크게 둘로 나누면 은혜와 권징으로 구분할 수 있을 것입니다. 은혜는 아무런 조건이 없는 호의를 의미합니다. 흔히 '사랑' 하면 떠오르는 것입니다. 하지만 사랑에는 권징적인 측면도 있습니다. 사랑하기에 내버려 둘 수 없어 권징을 행하는 것입니다. 개혁 교회에는 교회 됨을 드러내는 데 필요한 세 가지가 있습니다. 첫째는 말씀의 순수성, 둘째는 성례 집례의 진실성, 셋째가 바로 권징의 독립과 필요성입니다. 사랑하는 성도를 향한 권징은 사랑의 또 다른 모습입니다. 본문은 에베소 교회를 향한 말씀입니다. 에베소 교회를 향한 말씀 속에서 우리는 사랑의 두 가지 측면을 발견할 수 있습니다.

칭찬을 통해서 사랑을 표현하다

에베소 교회는 칭찬할 만한 것이 많은 사랑스러운 교회였습니다 (2-3절). 에베소 교회는 하나님을 향한 열정이 가득한 교회였고, 악한 자들을 용납하지 않는 교회였습니다. 지적인 능력이 탁월하여 악한 거짓 교사들과 논박을 통해서 그들의 거짓을 밝히고, 주의 이름을 위하여 인내하는 부지런한 교회였습니다. 사실, 에베소 지역은 유혹이 많은 환경이었습니다. 상업 교역의 중심이며, 소아시아에서 가장 부유한 도시, 세계 7대 불가사의 중 하나인 아데미 신전이 있는 우상 숭배가 만연한

곳이었습니다. 게다가 로마로부터 정치적 자치권을 받아 독립하여 사실상 소아시아의 맹주로 불리는 지역이었습니다. 이곳에 과거 브리스길라와 아굴라 부부에 의해 복음이 전파되고, 바울이 2년간 사역을 하면서 복음이 다져졌으며, 에베소 교회가 그 믿음을 잘 지켜 왔습니다. 작금에 보기 힘든 교회입니다. 하나님은 이 모든 것을 보셨고, 아셨으며 칭찬하셨습니다. 에베소 교회의 입장에서 하나님의 이와 같은 격려의 말씀이 얼마나 큰 힘이 되었을까요? 사랑은 칭찬을 통해서 전달됩니다.

책망을 통해서 사랑을 표현하다

에베소는 교회는 분명 칭찬받을 만한 교회이지만 완벽한 교회는 아니었습니다. 하나님은 에베소의 교회의 부족한 면을 책망하십니다. 책망의 내용은 간절하지만 충격은 컸습니다. 처음 사랑을 버렸다는 것입니다. "그러나 너를 책망할 것이 있나니 너의 처음 사랑을 버렸느니라"(4절). 다른 어떤 책망보다도 가슴 아픈 책망입니다. 에베소 교회는 칭찬의 내용을 봐서 알겠지만 외적으로는 완벽한 교회였습니다. 흠이 없어 보이는 교회입니다. 하지만 교회의 내면은 병들어 있었습니다. 사회적 활동도 열심히 하고, 의지와 인내도 강하고, 복음에 대한 지적인 열의도 있는 교회였습니다. 하지만 처음 사랑을 잃어버렸습니다. 아무리 위대한 성과를 이루어도 초심을 잃었다는 평가를 받으면 모든 것이 허무해집니다. 에베소 교회의 형편이 그랬습니다. 하나님은 에베소 교회를 너무 사랑하셔서 그들의 문제를 직면하게 하십니다. 다시금 뜨거

웠던 첫사랑을 회복하라고 도전하십니다. 처음 사랑을 잃어버리면 아름다워야 할 하나님과의 교제는 의무와 형식으로 대체됩니다. 신앙의 생명력을 잃어버리고 화석화된 종교만 남습니다. 첫사랑을 회복하는 가정이 되길 축복합니다.

"귀 있는 자는 성령이 교회들에게 하시는 말씀을 들을지어다"(7a절). 우리는 하나님의 사랑스러운 음성을 들을 수 있어야 합니다. 우리를 향한 칭찬도 듣고, 책망도 들어야 합니다. 우리를 향한 하나님의 모든 음성은 사랑의 음성입니다. 하나님을 더욱더 사랑하는 가정이 되길 축복합니다.

♥ 나눔

1. 가족을 한 사람씩 지명하면서 그 사람에 대한 칭찬과 격려의 말을 해 보세요.
2. 하나님을 향한 나의 첫사랑은 잘 관리되고 있나요? 1부터 10 중에서 나의 사랑을 측정해 보고, 그렇게 선택한 이유를 가족과 나눠 보세요.

♥ 기도

하나님, 우리 가정의 외적인 행위와 인내와 수고가 하나님께 칭찬받기를 원합니다. 그뿐만 아니라 내적인 사랑 역시 뜨거운 가정이 되길 원합니다. 늘 민감하게 하나님의 음성에 반응하는 가정이 되게 하소서. 사랑하는 예수님의 이름으로 기도합니다. 아멘.

♥ 우리 가족 이번 주 미션

새 하늘과 새 땅

12월 다섯째 주

요한계시록 21장 1-8절
찬송가 244장 구원 받은 천국의 성도들

요한계시록 21장 1-8절

1 또 내가 새 하늘과 새 땅을 보니 처음 하늘과 처음 땅이 없어졌고 바다도 다시 있지 않더라
2 또 내가 보매 거룩한 성 새 예루살렘이 하나님께로부터 하늘에서 내려오니 그 준비한 것이 신부가 남편을 위하여 단장한 것 같더라
3 내가 들으니 보좌에서 큰 음성이 나서 이르되 보라 하나님의 장막이 사람들과 함께 있으매 하나님이 그들과 함께 계시리니 그들은 하나님의 백성이 되고 하나님은 친히 그들과 함께 계셔서
4 모든 눈물을 그 눈에서 닦아 주시니 다시는 사망이 없고 애통하는 것이나 곡하는 것이나 아픈 것이 다시 있지 아니하리니 처음 것들이 다 지나갔음이러라
5 보좌에 앉으신 이가 이르시되 보라 내가 만물을 새롭게 하노라 하시고 또 이르시되 이 말은 신실하고 참되니 기록하라 하시고
6 또 내게 말씀하시되 이루었도다 나는 알파와 오메가요 처음과 마지막이라 내가

생명수 샘물을 목마른 자에게 값없이 주리니

7 이기는 자는 이것들을 상속으로 받으리라 나는 그의 하나님이 되고 그는 내 아들이 되리라

8 그러나 두려워하는 자들과 믿지 아니하는 자들과 흉악한 자들과 살인자들과 음행하는 자들과 점술가들과 우상 숭배자들과 거짓말하는 모든 자들은 불과 유황으로 타는 못에 던져지리니 이것이 둘째 사망이라

한국 사회에 만연한 수저계급론의 핵심은 태어날 때부터 불공평하다는 것입니다. 하지만 죽음만큼은 모든 사람에게 공평합니다. 이제까지 태어난 모든 사람은 죽었으며, 아직 죽지 않은 사람은 반드시 죽을 것입니다. 그리고 심판을 받을 것입니다. "한 번 죽는 것은 사람에게 정해진 것이요 그 후에는 심판이 있으리니"(히 9:27). 이 심판의 기준은 내가 어떤 수저를 가지고 태어났는가가 아니라 내가 예수 그리스도를 믿고 죽었는가에 있습니다. 그리고 죽음 이후에 맞이하는 세상이 진짜 세상이며 영원히 지속될 세상입니다. 성경은 이곳을 새 하늘과 새 땅이라고 합니다. 그곳은 어떤 세상일까요?

신혼집과 같다

결혼을 하면 이전에 살던 집을 떠나 새로운 신혼집을 준비합니다. 신혼집은 이전에 내가 살던 집이 아니라 완전히 새로운 집입니다. 사랑하는 사람과 함께 살아갈 완전히 새로운 집입니다. 성경은 새 하늘과 새 땅을 신혼집의 비유를 들어 설명합니다. "또 내가 보매 거룩한 성 새 예

루살렘이 하나님께로부터 하늘에서 내려오니 그 준비한 것이 신부가 남편을 위하던 단장한 것 같더라"(2절). 결혼을 하기까지 참으로 많은 난관을 통과해야 합니다. 첫 만남부터 서로를 알아 가는 과정, 결혼 승낙, 결혼 준비까지 어느 것 하나 쉽지 않습니다. 하지만 결혼하여 새로운 집에 들어가는 순간 모든 힘든 과정은 위로를 받습니다. "모든 눈물을 그 눈에서 닦아 주시니 다시는 사망이 없고 애통하는 것이나 곡하는 것이나 아픈 것이 다시 있지 아니하리니 처음 것들이 다 지나갔음이러라"(4절). 하나님은 성도의 모든 눈물을 닦아 주시고 위로하십니다. 이 땅에서의 마지막 날은 새 하늘과 새 땅으로 들어가는 기쁨의 날이 될 것입니다.

🔺 이기는 자만이 들어갈 수 있다

신혼집과 같은 새 하늘과 새 땅에 모든 사람이 들어가는 것은 아닙니다. 이기는 자만이 들어갈 수 있습니다. "이기는 자는 이것들을 상속으로 받으리라 나는 그의 하나님이 되고 그는 내 아들이 되리라"(7절). 하나님은 '알파와 오메가'이십니다. 즉, 하나님은 만물의 창조주로서 세상을 향한 절대적 권력을 가지고 계십니다. 알파와 오메가이신 하나님께서 이기는 자에게 하나님의 가족이 되는 영광스러운 특권을 주십니다. 피조물인 인간이 받을 수 있는 가장 영광스러운 특권이 창조주의 가족이 되는 것입니다. 하지만 지는 자들은 불과 유황으로 들어갑니다. 지는 자들은 누구입니까? "두려워하는 자들과 믿지 아니하는 자들과 흉악한 자들과 살인자들과 음행하는 자들과 점술가들과 우상 숭배자들과 거짓말하는 모든 자"(8a절)입니다. 이들은 신혼집과 같은 천국에 들어가는 것이 아니라 불과 유황으로 타는 못으로 들어갑니다. 자신의 삶에 대한 책임감이 있어야 합니다. 영적 싸움에서 끝까지 이기는 자가 되어야 합니다.

이 땅에서의 삶은 반드시 마지막이 있습니다. 사실 이 땅에서의 마지막 순간에 영원히 지속될 진짜 세상이 열립니다. 새 하늘과 새 땅이 이기는 자들에게 준비되어 있습니다. 하나님을 만날 때까지 영적 싸움에서 이기는 자가 되어 신혼집과 같은 새 하늘과 새 땅에서 하나님의 깊은 위로를 받는 가정이 되길 축복합니다.

나눔

1. 결혼하기까지 어떠한 어려움이 있었는지 가족과 나눠 보세요.
2. 본문의 8절과 같이 '지는 사람'이 아니라, '이기는 사람'이 되기 위한 나의 결단을 가족과 나눠 보세요.

기도

죄인인 우리를 가족으로 삼아 주신 하나님, 감사합니다. 이 땅에서의 마지막 날 신랑이신 예수님을 기쁨으로 맞이하는 가정이 되게 하소서. 끝까지 이기는 자로 승리하게 도와주소서. 신랑이신 예수님의 이름으로 기도합니다. 아멘.

우리 가족 이번 주 미션